ライフスタイルの転換に向けて、ともなる歩みを

『回勅ラウダート・シ』と環境保護

吉川まみ［著］

女子パウロ会

はじめに

ローマ教皇フランシスコは、2013年に着座以来一貫して国際社会と力を合わせて地球環境保護に取り組む必要性を訴え続けています。環境問題についての『回勅ラウダート・シ―ともに暮らす家を大切に』(以下『回勅ラウダート・シ』)が公布されたのは2015年のことでした。

2020年にバチカン「インテグラル・エコロジー教皇庁部局間協働作業グループ」(インテグラル・エコロジーの推進と普及のために2015年に設立されたグループ)は、『ともに暮らす家を大切にする旅『ラウダート・シ』公布から5年』を発行しました。この文書の日本語訳版は、カトリック中央協議会の公式サイトで公開されています。

そのなかで、「わたしたちは、困窮する人々の苦しみに、そしてまた、ともに暮らす家の搾取に、もはや無関心ではいられません。回勅はこの点を明確にしています」と述べています。そして、回勅から次のような箇所を引用して、インテグラル・エコロジーの実現に取り組むことが「何と心躍る使命ではないですか」と呼びかけています。

> この二百年間ほど、皆がともに暮らす家を傷つけ、また虐げてきた時代はありません。しかしわたしたちは、父なる神の道具となるよう呼ばれています。それは、わたしたちの星が、創造の時にお望みになられたもの

となり、平和と美と充満へと向かう計画にかなうものとなるためです。(LS.53)

国際社会が一丸となって地球環境の問題に取り組む必要性を広く意識化しはじめたのは今から半世紀前のことでした。“Only One Earth”、「かけがえのない地球」を合い言葉に、1972年世界で初めて環境問題をテーマにした国際会議が開催されました。

日本は高度経済成長期、社会全体と人々の生活が様変わりしていくなかで、下水道の整備や廃棄物の処理などインフラが整備され、公衆衛生環境は著しく改善しました。また、町の美化運動の取り組みによって、一般市民の生活環境も大きく改善されました。高度経済成長期に比べれば、大気汚染や水質汚濁の問題なども改善され、公害がなくなったわけではないものの工業廃水が公然と河川に垂れ流されるといった産業公害はもはや社会が許さない時代になっています。

一方、高度経済成長期、生活空間に便利で快適なものがしだいに増えていくなかで、科学技術の進歩発達とあいまって、環境問題の主要原因である「大量生産・大量消費・大量廃棄」という一連の構造が確立されました。この構造のなかでの環境問題の特徴のひとつは、その影響や因果関係が眼に見えにくく想定外の現象が発生することです。

プラゴミ問題はまさにその典型的な問題であると言えます。今になって思えば、1950年代から60年代にかけて高度経済成長期にプラスチック製品が大量生産されるようになったときからこの問題は既にはじまっていたわけですが、世界中の大多数の人々がプラゴミ問題に気づいたのはつい最近のことです。

いま、先進諸国の都市部では街中いたる所で、また、ネット上にも消費財があふれています。品質を問わず、使い捨てを前提とするような製品ならどんな類の物でも、いつでもどこでも誰でもが安価に入手できるようなシステムができあがっています。もはや、生産者側の責任、社会の責任というだけで済む話ではなく、消費者側であり一市民でもある私たちの消費行動の責任も問われるようになっています。

本書は『回勅ラウダート・シ』に依拠しつつ超越的な次元をふまえた環境教育的な視点から書いていますが、信仰の有無にこだわらず、地域固有の風土や文化、地域の人々とのつながりを大切にしながら、地域に根ざして暮らす人々や持続可能な地域づくりに取り組む多くの人々から学んだこともたくさん活用させていただきました。

また、国際社会が環境問題への協議や取り組みを開始する半世紀以上前から、環境の持続可能性を憂慮して自然保護活動、エコ活動をはじめたり、産業公害や原発の問題に取り組んだりしておられた人々の実践もとりあげさせていただいています。昭和時代からの地味な取り組みは、経済的発展をめざす社会のなかでは評価されないことがしばしばでした。しかし、気候危機や数々の大規模な自然災害や人災、新型コロナウイルスパンデミックなどを経て、その小さな取り組みの大きな価値が明らかになり、国内外から広く注目されるようになってきています。

日常の暮らし方、学び方、働き方、コミュニケーションの取り方など、生きていくうえでの基本的なものごとのあり方に変化を余儀なくされたコロナ社会で、新たな科学技術が加速度的にさまざまなものごとを相互連関的に変えつつあります。だからこそ、あえて立ち止まり、前世代の人々が受け継いでくれた価値を思い起こし感謝しながら、ライフスタイルのなかで変えるべきものと変えてはならないものを識別していきたいものです。

「ともにより良く変わっていく」ために、神との絆のもとに自分自身を大切にし、隣人に寄り添い、人々や自然との豊かなつながりを育みながらインテグラル・エコロジーを道標として皆でともに歩みたいと願っています。

本書で使用した専門的な用語は、定義がある場合でも学問領域や分野によって異なります。また、その意味が時代や地域や文脈によっても変化する場合も少なくありません。

目次

ブックデザイン■森　木の実
イラスト■矢野滋子
写真提供■吉川まみ

第１章
『回勅ラウダート・シ』と
インテグラルな人間観・世界観

1. アッシジの聖フランシスコと『回勅ラウダート・シ』

2013年３月13日、第266代ローマ司教に選出された教皇フランシスコは、アッシジの聖フランシスコから教皇名をつけられました。ご存知のように、アッシジの聖フランシスコは中世後期に実在した聖人で、「平和の祈り」や「太陽の賛歌」の作者として知られています。とりわけ弱く貧しい人々と自然をいつくしんだことでも知られるアッシジの聖フランシスコは、しばしば環境保護聖人とも称され、カトリックの信徒でない人々からもとても愛されています。

教皇フランシスコは、着座以来さまざまな機会に地球環境への配慮を呼びかけ、2015年には環境問題についての公文書『回勅ラウダート・シ―ともに暮らす家を大切に』（以下、『ラウダート・シ』と表記）を発表されました。

回勅とは、ローマ・カトリック教会において教皇が全世界の信者に向けて発する重要なテーマについての公文書で、回勅のなかでもとくに社会の問題について書かれた文書を「社会回勅」と呼びます。教皇は、「今、教会の社会教説に加えられるこの回勅が、直面する課題の重要性、規模の大きさ、緊急性を認識する助けとなることを希望します」(LS.15) と、『ラウダート・シ』を社会回勅と位置づけました。『ラウダート・シ』は、諸外国では発表当初から話題となり、信徒ではない人々も含めて世界中の人々に広く読まれています。

『ラウダート・シ』の序章にあたる部分で教皇は、アッシジの聖フランシスコのことを次のように述べています。

> ローマ司教に選ばれたときに、導きとインスピレーションを願って選んだ名前の持ち主である、あの魅力的で人の心を動かさずにはおかない人物に触れないまま、この回勅を書くつもりはありません。(LS.10)

表題の“ラウダート・シ”というのはイタリア語の古語で、アッシジの聖フランシスコの「太陽の賛歌」の一節“ラウダート・シ、ミ・シニョーレ”(わたしの主よ、あなたはたたえられますように)から付けられています。アッシジの聖フランシスコはこの賛歌のなかで、太陽や月やこの自然界の美しさを通してその創造主である神をたたえています。教皇は、この賛歌を思い起こしながら、回勅を次のように書きはじめています。

> 「ラウダート・シ、ミ・シニョーレ」―「わたしの主よ、あなたはたたえられますように」。この美しい賛歌のことばによって、アッシジの聖フランシスコはわたしたちに思い起こさせます。わたしたち皆がともに暮らす家は、わたしたちの生を分かち合う姉妹のような存在であり、わたしたちをその懐に抱こうと腕を広げる美しい母のような存在であるということを。(LS.1)

この文章から私たちは、人間が本来は兄弟姉妹であるはずの自然とのかかわりを傷つけてしまったことが環境問題となってあらわれているのだとわかります。また、もともとは自然も人もすべてのいのちが神からの恵みであることを思い起こせば、人と自然とのかかわりの不調和は、人と被造物のいのちの与え主である神とのかかわりの断裂でもあるとも言えるでしょう。

キリスト教ヒューマニズムにおいて、私たち人間は“かかわりの存在”として理解されています。『ラウダート・シ』が社会教説として書かれ、くり返し社会的弱者と自然の密接なつながりを強調していることをふまえれば、私たち人間と他者とのかかわりのあり方も環境問題なのだと理解できます。

教皇フランシスコは、2022年のアッシジの聖フランシスコの祝日に、こんなツイートをしています。

> アッシジの聖フランシスコは、自らを太陽、海、風の兄弟だと思っていました。そして、いたるところに平和の種を蒔き、貧しい立場に置かれた人、見捨てられた人、病気の人、切り捨てられた人、もっとも底辺に置かれた人とともに歩みました。聖フランシスコの模範に倣いましょう。
>
> （カトリック中央協議会による教皇フランシスコツイート邦訳版より）

言うまでもなく『ラウダート・シ』の最大の特徴は、自然を守ることを信仰の次元として捉えていることです。教皇は、コンスタンチノープル総主教ヴァルソロメオス一世の1997年の演説から、人間が神の被造界を傷つけたり汚染したり、地球の十全さをおとしめることはすべて神に対する罪でもあるという主張を引用して(LS.8)、私たち一人ひとりを「エコロジカルな回心」に招いています。

回勅では、「全体にわたって繰り返し現れるテーマ」として、以下の10のテーマを示しています（LS.16）。

＊貧しい人々と地球の脆弱さとの間にある密接なかかわり
＊世界中のあらゆるものはつながっているという確信
＊テクノロジーに由来する勢力の新たなパラダイムと権力形態の批判
＊経済や進歩についての従来とは別の理解の方法を探ろうという呼びかけ
＊それぞれの被造物に固有な価値
＊エコロジーの人間的意味
＊率直で正直な討議の必要性
＊国際的な政策および地域的な政策が有する重大な責任
＊使い捨て文化
＊新たなライフスタイルについて

これらのテーマは、回勅全体を通じてさまざまな場面で多様な角度から繰り返し言及され、環境問題が社会の問題であり人間の問題でもあると論じられています。とりわけ、社会や人間の悪化によってより一層傷つくのは、脆弱（ぜいじゃく）な自然とともに社会的に弱い立場に置かれた人々であるとの主張が回勅のなかで繰り返し強調されています。

> 人間環境と自然環境はともに悪化します。人間や社会の悪化の原因に注意を払うことなしに、環境悪化に適切に立ち向かうことはできません。実際、環境と社会の悪化は、地球上のもっとも弱い

人々に影響します。(LS.48)

さらに、生態学的危機の原因を人間的な根源に見る点にも回勅の特徴があります。

生態学的危機の兆候をいくら記述しても、その危機の人間的な根源を認めないなら、ほとんど意味がありません。人間のいのちと活動についてのある考え方が、わたしたちを取り巻く世界に深刻な傷を与えるほど、ゆがんでしまっています。わたしたちは立ち止まって、このことを熟考すべきではないでしょうか。(LS.101)

このように、外在する環境の問題―自然環境や社会環境にあらわれる諸問題と、私たち人間に内在する環境の問題―価値観や考え方など心のあり方や霊性も含めた内面的な諸問題との間に密接なつながりがあるという見方を示します。そのうえで、人間が本来のあり方を問い直すことが必要だと、次のように説いています。

人間性の刷新なしに、自然とのかかわりを刷新することは不可能です。適切な人間論なしのエコロジーなどありえません。(LS.118)

この“適切な人間論”にもとづくものとして提示されたのが**「総合的な(インテグラル)エコロジー」**、すなわち「**この世界で人間が占める特別な立場と、自らの周囲との関係を組み込んでいくエコロジー**」(LS.15) です。回勅の冒頭部分で、教皇が、「聖フランシスコは、傷つきやすいものへの気遣いの最良の手本であり、喜びと真心をもって生きた、総合的なエコロジーの最高の模範であると、わたしは信じています」(LS.10) と述べ、その生きざまを示した以下の箇所が「総合的な（インテグラル）エコロジー」の理解を促してくれます。

> 彼は殊のほか、被造物と、貧しい人や見捨てられた人を思いやりました。彼は愛に生き、またその喜び、寛大な献身、開かれた心のゆえに深く愛されました。飾ることなく、また神と、他者と、自然と、自分自身との見事な調和のうちに生きた神秘家であり巡礼者でした。自然への思いやり、貧しい人々のための正義、社会への積極的関与、そして内的な平和、これらの間の結びつきがどれほど分かちがたいものであるかを、彼はわたしたちに示してくれます。(LS.10)

2. すべてのいのちを守るための環境保護

回勅のなか、「総合的な（インテグラル）エコロジー」は明確に定義づけられてはいませんので、難しく感じられるかもしれません。

日本のカトリック司教団は、『いのちへのまなざし　増補新版』(2017年、カトリック中央協議会)、「第三章　生と死をめぐる諸問題」のなかで「総合的な（インテグラル）エコロジー」について次のように解説しています。

> 教皇フランシスコは、2015年に発表した回勅『ラウダート・シ』において、繰り返し「総合的なエコロジー」について語っています。それは、**生まれてくるいのちを見守る生命倫理**と、**自然環境**

> **を保護する環境倫理の課題**を、総合的に理解しようとする姿勢を表しています。この「総合的なエコロジー」はまた、**社会倫理の課題、すなわち人と人を一つにし、平和な社会を建設する努力**も他の課題と不可分のものであるとする考え方です。本章でとりあげる生と死をめぐる諸問題は多岐にわたりますが、そのすべてはつながっています。そこにおける、いのちを守り開花させるための働きは、神の創造のわざへの協力であり、神との協働であると、わたしたちは信じています。
>
> （前掲書の第３章50項「すべてはつながっている」p.82）

このようなまなざしで考えてみれば、これまで行ってきた日々の祈り、隣人へのささやかな配慮や気遣いから、文化や芸術を味わうことも、困難を抱える人々への支援、平和を築くための痛みを伴う行動も、これらすべてが神の被造界をいつくしむ尊い歩みでもあったと言えるでしょう。また、教皇は次のようにすすめています。

> 総合的なエコロジーが求めるのは、被造界との落ち着いた調和を回復するために時間をかけること、わたしたちのライフスタイルや理想について省みること、そして、わたしたちの間に住まわれ、わたしたちを包んでいてくださる創造主を観想することです。
>
> (LS.225)

「総合的な（インテグラル）エコロジー」は、Integral Ecology の日本語訳です。「インテグラル」という言葉は、一般的によく使われる語ですが、これをキリスト教ヒューマニズム的に言えば、「インテグラル」は神の御前での相応しい存在のあり方を示す

「無傷の、無傷・無欠の、全き、十全な」(全く傷のないささげもの)という意味を含むとても重要な語です。用例として、『教会の社会教説綱要』の序文タイトル「連帯的な全人的ヒューマニズム」(AN INTEGRAL AND SOLIDARY HUMANISM)のIntegralが「全人的な」と訳されています。また、さまざまな教会文書のなかで、Integral Developmentが「全人的な発展」「十全な発展」などと訳されています。

「全人的である」とは、全ての人々を誰ひとりとして排除することなく、かつ、一人ひとりの人間が有する全ての"かかわりの次元"いずれをも欠けることなく肯定することを示しています。回勅の「あとがき」にもあるように、このようなIntegral「全人的な」という語の意味をふまえれば、Integral Ecologyとはまさに「全人的エコロジー」です。また、これを言い換えれば「総合的な(インテグラル)エコロジー」とは、**「キリスト教ヒューマニズムにねざす人間観をもとにしたエコロジー概念」**であるとも言えるのです。

キリスト教ヒューマニズムにおける人間観とは、**"かかわりの存在"**としての人間理解を基盤にしています。これは、**"全人的な人間理解"**とも表現され、人間存在を構成する**4つの基本関係「神とのかかわり」、「他者とのかかわり」、「自然とのかかわり」、「自己とのかかわり」を同定する人間理解**です。

生まれながら社会的本性を刻まれている私たち人間は、これらの然るべき関係のあり方についての責任を担うべき主体であり、調和―より健やかな基本関係の構築―をめざして、他者の人格的尊厳を肯定しつつ、ことに弱く貧しくされた人々の傍らに身を置いて、共通善の拡充に参画すべき存在であるとする人間観を示しています。この固有性に着目すれば、人と自然とのかかわりにおいて、神から委託をうけた管理人としての責務が意識されます。

この意味で、『回勅ラウダート・シ』が呼びかける環境保護は、キリスト教ヒューマニズムが要請する本来のあり方、本来「極めて良く」創造された人間と世界の十全な状態を示す「総合的な（インテグラル）エコロジー」を生きるようにとの呼びかけであり、それは神のすべてのいのちを守るため、被造物をあまねくいつくしむ神のまなざしに参加することへの招きだと言えるでしょう。

日本のカトリック司教団は『ラウダート・シ』公布から５周年のラウダート・シ週間のために、「すべてのいのちを守るためのキリスト者の祈り」を発表しています。

〈すべてのいのちを守るためのキリスト者の祈り〉

宇宙万物の造り主である神よ、
あなたはお造りになったすべてのものをご自分の優しさで
包んでくださいます。
わたしたちが傷つけてしまった地球と、
この世界で見捨てられ、忘れ去られた人々の叫びに
気づくことができるよう、
一人ひとりの心を照らしてください。
無関心を遠ざけ、貧しい人や弱い人を支え、
ともに暮らす家である地球を大切にできるよう、
わたしたちの役割を示してください。
すべてのいのちを守るため、よりよい未来をひらくために、
聖霊の力と光でわたしたちをとらえ、

あなたの愛の道具として遣わしてください。
すべての被造物とともに
あなたを賛美することができますように。
わたしたちの主イエス・キリストによって。アーメン。

（2020年５月８日　日本カトリック司教協議会認可）

3.『回勅ラウダート・シ』の概要

『ラウダート・シ』は、冒頭の部分（LS.1-16）とそれに続く６つの章全246項（LS.17-246）と、最後に２つの祈りで結ばれています。信仰の光に照らされた『ラウダート・シ』は、何度読んでも新たな気づきがあります。ひと言ひと言に深く豊かな意味が込められた文書を私が十分理解できるとは到底思えませんが、第15項に示された全体の概要をふまえ、各章の中心的なテーマをつかむ手掛かりを提供できればと思います。

まず、第１章「ともに暮らす家に起きていること」では、「現在の生態学的危機が有するさまざまな側面」として、廃棄物や汚染、気候変動や水問題のほか、生活の質の低下や貧困、格差、不平等の問題など、社会問題と密接に結びついている多様な環境問題を概観しています。そのなかで、「わたしたちの心を深く動かすような科学的研究による今日ある最高の成果を活用して、それをもってわたしたちの心を根本から動かすことで、そこからはじまる倫理的・霊的道筋の具体的基盤」（LS.15）を築きます。

次に、第２章「創造の福音」（LS.62-LS.100）では、「環境への積極的取り組みにいっそうの一貫性を与えるいくつかの原理を、ユダヤ・キリスト教の伝統から導き出し、考察します」(LS.15)。まず、「神はお造りになったすべてのものを御覧になった。見よ、それは極めて良かった」(創世記1・31) のです。

「すべての人は愛から創造され、神にかたどり神に似せて造られた (創世記1・26参照)」(LS.65) と、創世記冒頭の第一の創造記事を引用しながら、神から望まれ、愛されて、必要とされている私たち一人ひとりのはかりしれない尊厳と、本来の世界は十全に美しく創造されたことを語ります。

創造記事は「密接に絡み合う根本的な三つのかかわり、すなわち、神とのかかわり、隣人とのかかわり、大地とのかかわりによって、人間の生が成り立っている」(LS.66) ことを示しています。

ところが、人間が造られたものとしての限界を認めるのを拒むことで、「創造主と人類と全被造界の間の調和」が乱されました。本来人間が賦与されているはずの被造界を「守り、耕す」統治の任にゆがみが生じ、「もともとは調和が取れていた人間と自然とのかかわりが不調和を来すようになりました (創世記3・17-19参照。LS.66)。

調和のとれたかかわりの「断裂が罪」として理解されるからこそ、「戦争、種々の暴力や虐待、もっとも脆弱な者の放置、自然への攻撃に、罪の破壊力のすべてが露わになっている今日のわたしたちの状況」(LS.66) という広い意味で、私たちが生きる環境の問題への取り組みは、和解への歩みだと言えるでしょう。

自然とのかかわりの不調和に、あらゆる断裂が浮き彫りになる今日、信仰がもたらす光に照らしながら、教皇は「聖書が世界という園を「耕し守る」よう告げている (創世記2・15参照) ことを念頭に置いたうえで、その本文を文脈に沿い適切な解釈法をもって読まなければ」(LS.67) とも呼びかけます。被造界を「「耕す」は培うこと、鋤くこと、働きかけることを、「守る」は世話し、保護し、見守り、保存することを意味します。人間と自然の間には互恵的責任というかかわりが存在するとの含みがそこにはあります。」(LS.67)

第3章「生態学的危機の人間的根源」(LS.101-LS.136) では、「現況をとことん探り、その症状ばかりでなく根深い原因をも考察」(LS.15) しています。教皇ヨハネ・パウロ二世の広島での記念講演での言葉を引用して、「テクノロジーは、わたしたちにすばらしい可能性を与える、神が授けられた人類の創造性の驚異の産物」(LS.102) であると述べながらも、新たなテクノロジーの進歩発達がもたらした私たちの姿を次のように述べています。

> 人間はたえず自然に介入してきましたが、長らくそれは、事物それ自体が供する可能性に合わせ、応じるということでした。自然そのものが許容するものを、あたかも自然自身の手から受け取ることでした。それに比べ今のわたしたちは、事物の上に自分から手を伸ばして、たびたび目の前の現実を無視したり忘れたりしながら、可能なものすべてをそこから絞り出そうと試みています。
>
> (LS.106)

こうした現状に、生態学的危機の根源はつまるところ人間の内面にあり、技術躍進が重大な決断を迫る岐路に立たされる新時代にあって、私たちは「支配的になっている技術主義パラダイムと、人間とその行為が世界のなかで占める位置とに、焦点を当てること」（LS.101）が求められています。教皇は、聖ヨハネ・パウロ二世の言葉を引用しながら次のように述べています。

「人間は、創造のわざにおいて神に協力するという役目を果たす代わりに、自らを神の座に置くことによって、ついには自然の反乱を引き起こ」すので、わたしたちの生の基盤そのものが崩壊し始めるのです。（LS.117）

だからこそ教皇は「人間性の刷新なしに、自然とのかかわりを刷新することは不可能です。適切な人間論なしのエコロジーなどありえません。」（LS.118）と断言しています。

第４章「総合的な（インテグラル）エコロジー」（LS.137-162）では、この“適切な人間論”にもとづくものとして「総合的な（インテグラル）エコロジー」の概念が提示されています。先ほども述べたように、「この世界で人間が占める特別な立場と、自らの周囲との関係を組み込んでいくエコロジー」（LS.15）、すなわち全人的な人間観、世界観にもとづく「総合的な（インテグラル）エコロジー」概念です。第４章では、このエコロジー概念が生態学的な危機の「人間的側面と社会的側面」（LS.137）を明確に取り上げるものであると説いています。

経済や政治、文化、日常生活という多様な分野に密接に関係しあう環境問題が求める新たな展望として、**「環境的、経済的、社会的なエコロジー」**、**「文化的なエコロジー」**、**「日常生活のエコロジー」**など「総合的な（インテグラル）エコロジー」のさまざまな要素について説いています。そして後半部分で、「わたしたちは、後続する世代の人々に、今成長しつつある子どもたちに、どのような世界を残そうとするのでしょうか」、「この世界でわたしたちは何のために生きるのか」、「私たちは地球から何を望まれているのか」(LS.160) と、環境問題を人類の中心課題とする強い問いかけがなされます。

こうした考察に照らされて第5章「方向転換の指針と行動の概要」(LS.163-LS.201) では、「現在わたしたちが陥っている自滅の悪循環を回避する助けとなりうる対話のおもな道筋」(LS.163) として、国際社会における環境に関する対話 (LS.164-175)、新たな国内政策と新たな地域政策のための対話 (LS.176-181)、意思決定における透明性のある対話 (LS.182-188)、人類の幸福に向けた政治と経済についての対話 (LS.189-198)、科学と宗教との対話 (LS.199-201) について説いています。

これらは、総合的な(インテグラル)エコロジーに向かってともに手を携えて生きていくために「個人としてのわたしたち一人ひとりを巻き込み、また国際的な政策にも影響を及ぼす、対話と行動に向けた、より幅広い提案」(LS.15) でもあります。教皇は、「教会は、科学的な問題を解決したり、政治家の代わりを務めたりすることが自分の任務であると思い込んではいない」(LS.188) としながらも、「わたしはただ、個々の利害関心やイデオロギーによって共通善が損なわれないようにするための、正直で公明正大な討論を奨励しようと気をもんでいるのです」(LS.188) と述べています。

そして、環境問題についての国際的なサミットを振り返りつつ、「生産と消費のペースの減速は、時に別様の進歩と発展をもたらしうるとの確信を育てなければなりません。」(LS.191) と、経済や発展の意味と目的を問い直すように訴えかけています。

それは、「よりよい世界と全人的なより高い生活の質とを残すことのないテクノロジーや経済の発展」(LS.194) は進歩とは言えず、「進歩に対するわたしたちの考えを定義し直すということ」(LS.194) への強い呼びかけでもあります。

最後の第６章「エコロジカルな教育とエコロジカルな霊性」では、動機づけや教育過程なしに変革は不可能であるとの確信にもとづいて、「人間的発展のために刺激となる指針を、キリスト教の霊的体験の宝庫からいくつか提示」(LS.15) しています。これはちょうど第３章で「技術主義パラダイムの急襲に対してともに抗わせてくれる、明確なものの見方、考え方、方針、教育プログラム、ライフスタイル、そして霊性が必要」(LS.111) であると説いたことを受け、あらためて、「エコロジカルな教育」と「エコロジカルな霊性」について述べています。

私たち人間は、自己や他者、神との多次元のかかわりを持つ存在です。神の御前で全人的に健やかであるためには、自然とのかかわりの調和も不可欠で、もしこれを欠くならば「エコロジカルな回心」(LS.217) によって「エコロジカルな霊性」(LS.216) を求めること、そのために「エコロジカルな教育」(LS.209-215) も必要だと、教皇は新たな「総合的なエコロジー」への道標を示しています。そのような実りが「幸いな節欲」(LS.224-225) を養い育てると励ましています。そして最後に、「わたしたちの地球のための祈り」、「被造物とともにささげるキリスト者の祈り」という二つの祈りで結ばれています。

コラム〈1〉 聖母訪問会「エコハウス」と地球環境保護30年の歩み

『ともに暮らす家を大切にする旅『ラウダート・シ』公布から5年』(2020年)が述べる「いくつかの勧め」の一つに、「観想、沈黙、祈り、典礼、労働、奉仕をみごとに組み合わせる修道生活の伝統を広め活かしましょう」(p.25)とあります。「清貧」をあたりまえのこととして、神にささげて生きる修道生活は、インテグラル・エコロジーに向かう究極のエコなライフスタイルといえるのでしょう。

自然の恵みを採り入れた聖堂

聖母訪問会(1915年創立)は、今から30年ほど前、“21世紀の福音宣教”として、環境問題への取り組みをスタートしました。以来、消費至上主義への抵抗として、資源循環などエコロジカルな取り組みを地域の人々とのかかわりのなかで実践しています。

さらに2002年の定期総会では、「わたしたちは神から創られた“いのち”の営みにたち返り、すべての生命との共生の価値に目覚めた礼拝と愛の交わりを生きる」という「宣言」を採択し、エコハウスの三浦修道院を竣工しています。建築の初期から、緑地の保全、循環性の高い自然素材の使用、太陽光、風力発電、太陽熱、雨水、バイオマス(ペレットボイラーストーブ)利用などを進め、自然の恵みを十分に採り入れ、地域固有の生き物や生態系を大切にしながら、地球環境へのさまざまな配慮を実践しています。近年では、福音宣教の歩みのなかでSDGsの取り組みとも協働しながら、さまざまな地域の人々との参加型の連携・協働プロジェクトを展開しています。

修道会の会報「訪れ」には、宣言の背景が下記のように記述されています。

聖母訪問会の宣言の背景

† 神・人・自然との和解に招かれている今世紀、聖別奉献者であるがゆえにできる生き方と存在をもって預言的証しを生きる。

†経済優先、消費主義、便利主義の社会のなかで、地球環境の汚染、破壊は緊急課題である。地球再創造への道を謙虚に歩みたい。
†福音的貧しさを生きる招きであり、小さい貧しい人々との連帯を生きる。
†多くの傷んだ生命との共生、共有が求められる。

聖母訪問会本部　所在地：神奈川県鎌倉市津550
聖母訪問会三浦修道院　所在地：神奈川県三浦市南下浦町金田223-6
聖母訪問会公式ウェブサイト
https://visitation-sisters.jp/

エコ実践１……………………………………………………実践事例に学ぶ

「炭素断食レントカレンダー」・「地球のための断食」

早くから地球温暖化防止につながる意識啓発活動に力を注いでいたアングリカン・コミュニオン（全世界聖公会）環境ネットワーク（ACEN）は、2013年には信仰生活における環境保護活動を「Green Anglicans」としてスタートしています。

聖書のみ言葉とともに、温暖化防止のための日々のエコ実践の具体的方策を添えた「炭素断食レントカレンダー」（Carbon Fast for Lent）や、「地球のための断食」（Fast for the Earth）というテーマの下で「プラスチック断食」、「ソーシャルメディアからの断食」などなど、エコロジカルな信仰を導くための豊かな参考資料がオンライン上で公開されています。

情報源：Green Anglicans
https://www.greenanglicans.org

【第1章の参考文献】

＊教皇フランシスコ著　瀬本正之S.J.、吉川まみ訳 『回勅　ラウダート・シ　ともに暮らす家を大切に』 カトリック中央協議会　2016
＊バチカン・インテグラル・エコロジー教皇庁部局間協働作業グループ編著　瀬本正之S.J.、吉川まみ訳 『ともに暮らす家を大切にする旅『ラウダート・シ』公布から5年』 カトリック中央協議会　2023（=*Journeying Towards Care For Our Common Home Five Years After Laudato Si', Interdicasterial Working Group of the Holy See on Integral Ecology, Libreria Editrice Vaticana*）
＊教皇メッセージ「被造物を大切にする世界祈願日」（カトリック中央協議会公式サイト「諸文書」）
https://www.cbcj.catholic.jp/category/document/docpope/creation/?cat=116
＊ラウダート・シ・アクション・プラットフォーム公式サイト
Laudato Si Action Platform　https://laudatosiactionplatform.org
＊「被造物のための季節」（Season of Creation）　https://seasonofcreation.org/
＊教皇庁　正義と平和評議会 『教会の社会教説綱要』 2009
＊カトリック中央協議会 『いのちへのまなざし　増補新版』 2017
＊聖母訪問会 『訪れ』（第41号）　2022
＊瀬本正之S.J. 「『ラウダート・シ』の意義―環境時代（Ecozoic Era）の社会回勅」日本カトリック神学会誌　No.29　2018　pp.3-39
＊Ecojesuit Ecology and Jesuits in Communication https://www.ecojesuit.com/
＊The Cry of Water and the Cry of the Poor, PI-No.132, Social Justice and Ecology Secretariat, Society of Jesus, 2021
＊バチカン　教皇フランシスコの回勅各国語版
https://www.vatican.va/content/francesco/en/encyclicals.index.html

第２章
人類の歩みと環境問題のはじまり

1. 人間のふるまいが問われる問題として

教皇フランシスコは、『回勅ラウダート・シ』のなかで、コンスタンチノープル総主教ヴァルソロメオス一世が2012年９月１日に「被造物の保護を祈る日のメッセージ」のなかで語った言葉を引用して、環境問題は信仰の次元の問題でもあると述べています。

> 「人間が、神の被造界の生物多様性を破壊すること、気候変動を引き起こしたり、天然林を大地からはぎ取ったり、湿地を破壊したりすることによって、人間が地球の十全さをおとしめること、人間が、地球上の水や土地や空気や生命を汚染すること、これらはすべて罪なのです。」（LS.8）

地球は、人間が決して生み出すことができない神秘的な仕組みを持っています。人間は、その働きのなかで、自然の一部です。しかし、同時に、人間は自然の一部というだけではない存在でもあります。実際、人類が地球に誕生して以来、自然のなかで本来はあり得ないような奇跡的なプロセスをたどってきて、人類の今があります。

わたしたちは、その比類なき尊厳と知性のたまものゆえに、被造界とそこに備わるおきてを尊重するよう促されます。(LS.69)

一般的に、環境問題は「人と自然とのかかわり」の問題であるとも表現されます。このかかわりを広い視野でながめると、信仰を持ち出すまでもなく自然とのかかわりにおいて人間のふるまいが問われて然るべきだとわかります。

宇宙空間には同じような銀河が無数にあるといわれていますが、私たちがともに暮らす家である地球は、「天の川銀河」と呼ばれる銀河系にあります。太陽が誕生した後、地球が生まれたのは今から46億年前であったと言われています。誕生したばかりの地球の表面は高温高圧で、その後急激冷却されました。そこで発生した水蒸気からなる"原始大気"が凝縮しながら"原始海洋"や"原始地殻"がしだいに形成されていったようです。

やがて大陸が形成され、造山活動や火山活動などが起こり、環境の変化をくりかえしながら地層が積み重ねられていきました。[※1]

こうして誕生した岩石惑星である地球の46億年の歴史を１年の長さにたとえてみると、地球上に人類が登場したのは大晦日(おおみそか)の23時30分過ぎということになります。つまり、地球史の大部分が人類不在の歴史で、私たち人間は地球史のなかでは新参者というわけです。

＊１月１日：46億年前、地球誕生。

＊２月10日：少しずつ気温が下がり地球で雨が降りはじめ、海が形成される。

＊３月30日：光合成生命が誕生。二酸化炭素減少しはじめる。

＊７月25日ごろ：藻類大繁殖。酸素が増加しはじめる。

＊11月15日：オゾン層が形成される。生命を育む地球環境が形成される。
＊12月31日午後５時頃：ヒトの祖先の「猿人」登場。
＊12月31日午後11時30分過ぎ：私たち人類の祖先ホモ・サピエンスが登場。[※2]

人間は、自然がなければ呼吸もできず生存することができません。人間は、狩猟採集・農耕などによって食料を得たり、住まいや衣服や道具など、暮らしに必要なありとあらゆるものやその原料を自然界から得たりしながら人類の歴史を作ってきました。

いま、世界が問題にしている環境問題というのは、人間がいなかったなら生じなかったはずの人間の諸活動による人為的な問題の諸現象をさしています。環境問題が広く社会のなかで問題視されはじめたのは18世紀末、産業革命がはじまった「工業社会」以降のことですから、二酸化炭素の増加、オゾン層破壊、森林破壊や砂漠化などの地球環境の異変をもたらしたこの間の活動は、地球史を１年としてみたとき、最後の「１秒以下」、ほんの一瞬の出来事です。

地球上に生命が誕生して以来、生物種の大量絶滅がこれまでに５回起きていることが地層からわかっているそうですが、現代のように短期間に人間の営みが多くの生きものを絶滅へと追いやっているこの状況は、しばしば“地球史上６回目の生物の大量絶滅”といわれています。

いま私たちが生きている時代は、地質学的には約５億4100万年前にはじまった「顕生代」といいます。地層による年代区分は国際的な学術組織によって常に見直されているようですが、人間の活動の痕跡が、地層に記録されるほどの影響を持つようになったことから、「人類世または人新世（Anthropocene）」と呼ぶべき新たな地質時代として定義すべきではないかという議論が起こっています。この地質時代を認定する場合、この時代がいつはじまったのかを定義する必要があります。農耕の開始や産業革命などで定義する考えもありますが、有力なのは、世界初の核実験が行われた1945年を人新世の開始時期として定義するという提案です。なぜなら、1945年７月、米ニューメキシコ州北部の砂漠にある「トリニティー」実験場で史上初めての原爆実験が行われ、その際の放射性降下物がマーカーとして地層に記録されているからなのだそうです。

このように、地球史という長い時間のなかで自然と人とのかかわりを俯瞰（ふかん）するとき、地球上では新参者でも、自然に対する人間のすさまじい影響力に驚かされます。一方で、人々がその力を合わせて方向転換すれば、危機的といわれる地球環境の状況の回復も可能だと言えるのです。

2. 人間と文明と技術のかかわり

環境問題のはじまりは人類の誕生だという研究者もいますが、環境問題において人間の責務が問われるのは、人間が“文明をつくる存在、否、文明をつくらないでは済まない存在”だからでしょう。

> 人間性そのものが文明を分泌し、自らつくった文明を介して人間は自然と関わる。人間は必ず文明という橋を通って自然と関わる。自然の一部分でもある人間が文明をつくり、その文明を通して自

> 然と関わる、そのような媒介された直接性が人間と自然との関係の基本を成している。どのような文明をつくるかが、自然との関わり方を大きく左右する。環境問題は詰まるところ文明の問題であり、環境問題を解決しようと思うなら、文明を再構築する以外、道はない、と言われる所以である。環境問題は、環境や自然の問題と言うよりむしろ、文明という人間のしわざそのものの是非が問われるべき人間とその社会の問題である。[※3]

地球規模ではないにしても、古代の文明社会で既に環境問題が発生していたことがわかっています。人類最古の文明と言われるメソポタミア文明は、チグリス河、ユーフラテス河から水を引く灌漑(かんがい)農業によって栄えた文明ですが、灌漑農業による塩害で収穫がしだいに減少していったことが文明衰退に大きな影響を及ぼしたといわれています。

また、古代メソポタミアを代表する文学作品『ギルガメシュ叙事詩』にはレバノンの「杉の森」の怪物フンババを退治するエピソードが物語られています。このなかで、古代西アジアの王たちは競うように良質の木材を求め、レバノン杉の原生林は消滅していったことが記されています。

聖書学者の月本昭男氏によれば、旧約聖書の天地創造物語とエデンの園の物語では、“人間の悪ゆえに大地が呪われた”という思想が示され（創世記３章17節、４章11節、８章21節など）、既に人間と自然とのかかわりが意識されていたといいます。同様の思想は、エレミヤ書やイザヤ書、ホセア書など旧約聖書の預言書にも散見されます（エレミヤ書12章４節、イザヤ書24章４-５節、ホセア書４章１-３節など）。これらの記述の背景には『ギルガメシュ叙事詩』にしめされたような乱伐による森林資源の枯渇などがあり、自然破壊が実

際に起きていたことを暗示する言葉が、イザヤ書14章８節、33章９節など預言書に残されています。[※4]

一般的に、環境問題は「人と自然とのかかわり」の問題であるとも表現されることは、前節で述べましたが、「人と科学技術のかかわり」や、科学技術の進歩がヒトや自然や社会にもたらす問題を考慮せずに環境問題への取り組みを考えることは困難です。

カトリックの哲学者であった今道友信は『エコエティカ―生圏倫理学入門―』（講談社学術文庫、1990年）のなかで、「科学技術を環境とする現代世界」における「人類の生息圏全体にわたる倫理学」の必要性を説いています。今道は、私たちが生きる環境である現代社会の本質は、“技術のつながり”すなわち「技術連関としての環境」であると述べています。

人間の暮らしのありとあらゆるところに科学技術が存在しています。そもそも人間にとって科学技術とはどのような関わりにあったのでしょうか。

たとえば、水はあらゆる生命の生存基盤を支える自然資源ですが、私たちが毎日安全な水が飲めるのは、地球環境や平和な社会の持続可能性だけでなく、水源から水を取水し、浄水し、各家庭に配水されるプロセスに活かされている諸設備や社会インフラの無数の科学技術があるからです。つまり、水を飲む瞬間でさえ、人間と科学技術がかかわる場面の一つなのです。

食糧はもとよりさまざまな生活必需品も、その原料はもともと自然界から得た自然資源です。一見して自然とは対極にあるイメージの金属やプラスチックなどの製品でも、原料レベルで見ればもとはすべて自然界から得た資源です。それらの原料を調達し、加工するプロセスや、完成品が市場にもたらされる場合には、流通・販売・消費・廃棄までさまざまな場面で科学技術が活かされています。日ごろ意識することはなくても、朝起きてから寝るまで、そして睡眠中も、私たちは常に自然の恵みと科学技術の賜物とに包み込まれていることがわかります。たとえ私たちが孤島で文明の利器を使わずに自給自足の暮らしをするとしても、孤島がこの地球上にある限り、相互連関的に間接的に科学技術の影響を受けることからは免れません。

人類史における人間社会の特徴は、しばしば「狩猟社会」「農耕社会」「工業社会」「高度情報化社会」の４つの段階で捉えられます。

現在の学説では最古のヒトは約７百万年前～４百万年前にアフリカで出現したと言われています。さまざまな遺跡、遺物の新発見や、解析・分析方法の変化によっても学説は変化するようではありますが、人類の直接の祖先「ホモ・サピエンス」の誕生は今から約30万年から20万年前のことだと考えられています。当時の社会は「狩猟社会」でした。野生の動植物の採集や狩猟に生活基盤を置く社会で、食糧を求めて移動しながら生活していたようです。既にさまざまな道具を発明していたであろうと思われます。その後、紀元前１万年ごろになって、種を植えて植物を栽培し、動物を家畜化して生きる糧を得る、定住生活を中心とする「農耕社会」へと移ります。世界の各地に残る原始古代の遺跡から、目的に応じたさまざまな道具や器具を作り出していただけでなく、紀元前８千年頃には鉱石の精錬技術も獲得していたことがわかっています。

近年、世界各地で古代のミイラの発見が続いています。7000年も昔のチンチョーロ文化のミイラがチリ北部のアタカマ砂漠で発見されたり、アルプスの氷河で５千300年前に死亡したとみられるアイスマンのミイラ（エッツィと命名されている）が発見されたり、古代エジプトのファラオの時代よりも昔のミイラが、エジプトのサッカラで発見されたりしています。

これらの分析から、人類は太古の昔からミイラを作る高い技術を持ち、精巧な道具や日常生活で必要なさまざまなものを作っていたことなどがわかってきています。高い技術力や、都市や社会の構造に見られる“ひとつのまとまり”という視点でいえば、豊かな文明社会の遺構が世界の各地に見られます。水を制するものは国を制するというように、紀元前に栄えた多くの文明社会は、既に灌漑（かんがい）や治水の技術を持っていました。また、農耕・牧畜だけでなく車輪の発明や文字と記録、青銅や鉄を扱う技術など高度な技術も獲得していました。

世界的に見て、自然に大きく依存する暮らしは決して豊かであったとはいえず、各地で飢饉（ききん）、疫病などもたびたび発生しています。地域によっては、人類の歴史は飢餓との闘いとしての側面もありました。人々の暮らしは、常に地域の気候や地勢や風土、固有の自然にも大きく規定されながら、人類はいつの時代も技術を進歩発達させながら、創意と工夫を凝らして、地域独自の生活の営み方、衣食住のあり方の伝統を形づくってきました。

3.「大量生産」からはじまった環境問題

一般的に、「環境問題」とは人間に外在する自然資源の上に生じる問題現象をいいます。環境問題が広く社会問題として認識されるようになったのは、18世紀後半にイギリスではじまった産業革命期のことです。

「産業革命」とは、モノの大量生産がはじまり、人間の生産活動の中心が農業から工業に移ったことで生じた社会の大きな変化をさします。社会全体に大きなインパクトをもたらした技術のなかでも中心的なものは、生産活動のエネルギーを省力化し、人や資源、物の移動を容易にし、情報の伝播（でんぱ）を促した技術です。

中世初期に発明された水車、３本マストの帆船、印刷技術、そして、蒸気機関、工場、鉄道、鋼製汽船、内燃機関……と次々にもたらされた新しい技術によって18世紀末にイギリスではじまった「産業革命」は社会の構造を大きく変革していきました。

生産活動の変革は、インドからイギリスに輸入された「綿織物」が大流行したことに端を発します。イギリスの「毛織物」業者は、インドの綿織物に猛反発し、イギリス議会は国内の毛織物産業を保護するため綿織物の輸入を禁止する法律を制定しました。

一方、綿織物製品ではなく「原料」である綿花を輸入し、イギリス国内で綿織物生産をはじめようという動きが起こります。しかし、綿花から糸を紡ぐ作業に手間暇がかかることから、国内での綿織物生産は高い労働コストを必要とし、採算がとれません。産業として綿織物で利益を上げるには、紡績や布を織る織機の機械化・工業化による生産効率の向上、すなわち大量生産の実現が不可欠でした。

こうして、技術と動力源の開発が進み、ジェニー紡績機、水力紡績機の発明によって糸の大量生産が実現し、さらに1769年にワットが発明した「蒸気機関」を利用した「力織機」の発明によって、従来の3.5倍もの能率で布が織れるようになりました。イギリスは、アメリカから安価な綿を大量に輸入し、国内で大量生産した綿織物製品の市場として、当時植民地であったインドとのかかわりを築いていきました。※5

その後、「蒸気機関」の技術は、蒸気機関車に実用化され、短時間に大量の人や物の移動が可能になりました。こうして工業化が進むにつれて、それまでの木炭にかわって石炭が「燃料」として使われるようになり、しだいに石炭を産出する石炭業、鉄を生産する鉄鋼業も発展していったのです。

また、新しい科学技術が社会を大きく進歩発展させ、大量生産を拡大するとともに、生産活動における支配層と被支配層の格差も拡大していきました。

都市の労働者人口も急激に増加していきました。19世紀に入り、人口が増加したロンドンでは未処理の下水がテムズ川に流れ込んで大悪臭が発生するなど（1858年）、工業化による公害だけでなく、都市化による都市公害の端緒的事件も各地で発生するようになりました。また、ロンドンでは、石炭の燃焼によって生じる煤（すす）や亜硫酸ガス（二酸化硫黄）などが、ロンドンに特有の冬の気象条件によって地表付近に停滞することで、たびたび大気汚染「煤煙（ばいえん）」による甚大な健康被害が問題になっていました。1952年には１万人以上の死者を出す「ロンドンスモッグ事件」も発生しています。

一方、紡績機や力織機、蒸気機関からはじまった産業革命において、大量生産による綿製品の市場とされたイギリスの植民地支配下のインドで、マハトマ・ガンジーが「塩の行進」（イギリスの塩税への抗議行動）や「不服従」「非暴力」などの運動を展開していました。ガンジーが主導した運動にはイギリスの織物製品の不買、着用をやめてインド製品の着用の促進などがありました。1947年にインドを独立に導いたガンジーが自らインドの伝統的な糸車「チャルカ」を回したことはよく知られています。糸車「チャルカ」は被抑圧者の側から構造を断ち切る知恵と希望の象徴として、今もなお、一人ひとりのささやかな行動や連帯の意味と価値を伝えています。

イギリスで興った産業革命の後、19世紀のアメリカで「第２次産業革命」が起こりました。主要なエネルギー源が石炭から石油へと変わり、電力を用いられるようになったことで大量生産の規模が大きく拡大しました。いわゆる「エネルギー革命」です。この時期の特徴は、大量生産を支える工場生産の体制がより高度に効率化されていったことです。生産活動はもちろんのこと、人々の働き方、暮らし方、さまざまな物事やこれらの相互のつながりや、人々や自然とのかかわり方に劇的な変化をもたらしました。この段階の社会が「工業社会」です。

その背景にあったのが、リーン生産方式の発明など、20世紀に入ってアメリカを中心に確立された分業に基づく大量生産体制のスタートです。1970年代初頭から電子工学や情報技術を用いたコンピューター制御のオートメーション化が促進されましたが、これを「デジタル革命」といいます。また、インターネット情報通信ネットワークが発達した20世紀後半からはじまる社会を「情報社会」と呼びます。

これらと前後して、アメリカでは1950年代からロサンゼルスでたびたび発生していたスモッグによる大気汚染の原因が、自動車排ガスの窒素酸化物と関係があると明らかにされました。1962年には、レイチェル・カーソンが『沈黙の春』を通じて、化学的に合成された農薬DDTの危険性について世界に警鐘を鳴らしました。1972年には、ローマ・クラブによって『成長の限界』が出版され、今のままの歩みを続ければ自然資源は枯渇し、100年以内には限界に達するであろうことが報告され、世界中に衝撃を与えました。

このようななかで、1972年に世界初となる環境問題についての国際会議、「国連人間環境会議」(ストックホルム会議)が開催されたのです。工業化が進み生産拡大する先進諸国と、貧困問題に直面する途上諸国の南北格差問題と環境問題が密接につながる問題として議論されたことや、環境問題が「人と自然とのかかわり」だけでなく、「人と人とのかかわり」の問題であるとの理解が広がった点で、ストックホルム会議は意義深いものであったと思われます。

この2世紀の間、電信、電気、自動車、航空機、化学工業、近代医療、インフォメーションテクノロジー、デジタル革命、ロボット工学、バイオテクノロジー、ナノテクノロジーなどからも、人類は多大なる恩恵を受けてきました。

教皇は、回勅のなかでテクノロジーの進歩発展の歴史を振り返り、「テクノロジーは、人間を傷つけたり制限したりするのが常であった、数え切れない害悪を取り除いてくれました。こうした進歩、とくに医療、工学、通信の分野での進歩をありがたく思い喜んで享受するのを禁じることができるでしょうか」(LS.102) と述べ、テクノロジーの恩恵とそこに尽力した科学者やエンジニアの方々の功績をたたえています。

その一方で、核エネルギー、バイオテクノロジー、インフォメーションテクノロジー、人間のDNAに関する知識など、人類が獲得してきた他の多くの能力によって、「知識をもった人々、なかでもそれらを利用する経済力のある人々に、人類全体と全世界に及ぶ強大な支配権を与えてきた」(LS.104) ことを弁えておかねばならないとも述べています。権力が賢明に行使される保証はどこにもなく、科学技術の発展は「人間の責任感や価値観や良心の成長を伴わせてこなかった」(LS.105) とふり返っています。

> わたしたちは、テクノロジーに制限を定めそれを方向づけるのに必要な自由を有しており、その自由を別様の進歩のために、すなわち、もっと健全で、より人間的で、より社会的で、より全人的な進歩のために役立てることができます。支配的な技術主義（テクノクラティック）パラダイムからの解放が、現実に起こることがあります。(LS.112)

コラム〈2〉「ビッグ・ベン」と「時の記念日」に見る、人と時間のかかわり

産業革命がもたらした「大量生産」は、人間の働き方、暮らし方を否応なしに変えていきました。大きな変化の一つは、人と時間との関係性だと思います。ロンドンの「ビッグ・ベン」や日本の「時の記念日」の制定は、社会の人々が正確な時間を知り、時間を守ることが社会のなかで重要な意味を持つようになりました。これらは、“共通の時間”によって人間の諸活動が秩序づけられ、生産効率が意識されるようになる当時の社会変化の方向性を象徴しているかのような出来事でした。

「ビッグ・ベン」とは、1859年５月に設置された英国国会議事堂であるウェストミンスター宮殿の大きな時計塔の愛称で、ロンドンの街のシンボルのひとつです。当時の国会議員であったベンジャミン・ホールからその名が付けられています。当時の英国王立天文学会は「ビッグ・ベン」の建設にあたって、振り子の長さ3.9m、重さ300kg、文字板の大きさ約9m、針も大きく重い大時計が、塔の上での雨風の影響もあるなかでも一日の誤差わずか１秒以内、かつ15分単位で時鐘を鳴らす正確さを保つという構想を打ち出したそうです。この高い要求に応えたのが、一般的な脱進機の仕組みとは異なる「二重三脚重力式脱進機」という画期的な発明でした。その後、現在世界の高精度な機械式の塔時計にこの機構が使われるようになり、ビッグ・ベンは今でも誤差一秒以内で動き続けています。

一方、日本では、1920年（大正９年）、「生活改善同盟会」から日本国民への呼びかけとともに６月10日が「時の記念日」として制定されました。その呼びかけとは、「時間をきちんと守り、欧米並みに生活の改善・合理化を図ろう」というものでした。６月10日という日が選ばれたのは、『日本書紀』によれば、天智天皇が唐から伝えられたという漏刻（ろうこく）（水時計）を設置し、その漏刻で「時の奏」を行って初めて人々に時を知らせたのが、現在の暦で西暦671年６月10日にあたることに基づいているそうです。

情報源：SEIKO ミュージアム公式サイト
https://museum.seiko.co.jp/knowledge/MechanicalTimepieces10/
シチズン時計株式会社公式サイト
https://www.citizen.co.jp/research/time/20200602/outline.html

エコ実践 ❷……………………………………………日本の伝統に学ぶ

木材の再利用による神宮「式年遷宮」と年月の価値

「遷宮」とは、神社の正殿を造営・修理する際や、正殿を新たに建てた場合に、御神体を遷(うつ)すことをいいます。「式年」とは定められた年という意味で、「式年遷宮」とは、一定の期間ごとに神殿をたてかえ神体を移すという伝統的な日本の神社における行事です。

「伊勢神宮」（神宮）とは、天照大御神を祀(まつ)る「皇大神宮」（内宮）と衣食住をはじめすべての産業の守り神とされる「豊受大神宮」（外宮）、その他の別宮、摂社、末社、所管社など125社からなる神社の総称です。伊勢神宮では、持統天皇のときに第１回の式年遷宮が内宮で行われて以来、1300年にわたって20年という式年ごとに社殿が建てかえられ、昭和48年に第60回、平成５年に第61回、平成25年には第62回遷宮が行われました。

木材の再利用による神宮「式年遷宮」

日本古来の伝統技法にもとづく木造の社殿づくりが遷宮行事の中心です。平成25年の遷宮にあたっては、明治以降の計画的営林による伊勢の宮域林から樹齢80年以上の檜材、6,022本が伐り出されました。用材の檜をまかなうため、大正12年から200年計画で檜の造林事業が進められ、毎年植樹が行われています。

神宮の式年遷宮には、神殿がたてかえられたあとの古い建築材が神宮内の他の社殿や施設に使用されたり、日本各地の神社に譲り渡されたりする「木材のリサイクルのしくみ」があります。

神宮の式年が「20年」という年月に定められた理由は文献には記されていないそうですが、古代の穀倉に起源を持つ掘っ立て柱に茅葺という原初的スタイルの神殿が、神の宮としての威厳を維持するための周期であるとか、宮大工や人が育つために必要な時間であろうと推測されています。

効率向上が盲目的に価値ありとされる現代社会のなかで、時間を経ることの意味と価値を明確にする貴重な伝統のひとつとして、海外からも多くの注目を集めています。

情報源：伊勢神宮式年遷宮広報本部公式サイト
https://www.isejingu.or.jp/sengu/index.html

【第2章の注※について】

※1（P30） 田近英一 『46億年の地球史』 三笠書房 2019
※2（P31） 平成24年度版環境白書「もし地球の外から人類を1日観察すると……」より一部抜粋
※3（P33） 瀬本正之S.J.「人間の尊厳に適う環境教育を求めて」『持続可能な社会への挑戦』（上智大学現代GP（環境リテラシー）事務局 2010.03.25発行）
※4（P34） 月本昭男 『物語としての旧約聖書（上）人間とは何か』（ラジオNHK宗教の時間テキスト） NHK出版 2018
※5（P38） 山下範久 NHK高校講座「世界史」第25回 産業革命と社会問題

【第2章の参考文献】

＊瀬本正之S.J.「人間の尊厳に適う環境教育を求めて」『持続可能な社会への挑戦』（上智大学現代GP（環境リテラシー）事務局 2010
＊「環境ホルモンの諸問題」（「環境省」公式サイト 政策分野―「保健・化学物質対策」）
https://www.env.go.jp/chemi/end/endocrine/5column/c-8.html
＊『環境白書・循環型社会白書・生物多様性白書』（「環境省」公式サイト）
https://www.env.go.jp/policy/hakusyo/
＊「科学技術・学術に関する基本的政策」（「文部科学省」公式サイト「科学技術・学術カテゴリー」） https://www.mext.go.jp/a_menu/02_a.htm
＊総務省『情報通信白書』
https://www.soumu.go.jp/johotsusintokei/whitepaper/index.html
＊内閣府「科学技術・イノベーション」公式サイト
https://www8.cao.go.jp/cstp/stmain.html
＊「国立科学博物館」公式サイト https://shinkan.kahaku.go.jp/index_jp.html
＊「科学技術館」公式サイト https://www.jsf.or.jp
＊「ナショナルジオグラフィック日本版」公式サイト https://natgeo.nikkeibp.co.jp

第3章
環境問題の構造的変化と終わらない公害

1. 高度経済成長期の「都市型公害」と「産業公害」

日本では、田中正造で知られる明治期の足尾銅山の鉱毒問題が公害の原点と言われていますが、それ以前にも各地で公害の報告はありました。15世紀以降、日本では銅産業が活発化しました。16世紀末には日本に西欧の技術が導入され、銅鉱山の創業規模が拡大すると、銅の精錬過程で発生する亜硫酸ガスによって大気や水の汚染が広がりました。被害を受けた農民や漁民の反対で鉱山の操業が中止された例は各地に残っているようです。17世紀からはじまる江戸時代、幕府が銅の生産に力を入れたことから、足尾銅山や別子鉱山の開発がはじまりました。

明治期には1890年代の足尾鉱毒事件の他、東京深川のセメント工場の粉塵問題も発生しています。ヨーロッパからかなり遅れて19世紀後半、日本に蒸気機関の技術がもたらされ、20世紀初頭1900年頃に紡績業や製糸業から日本の産業革命がはじまりました。

1901年には、明治政府によって北九州市に設立された官営の「八幡製鉄所」（2015年ユネスコ世界文化遺産「明治日本の産業革命遺産」に指定）が操業を開始し、1904年（明治37年）の日露戦争前後の日本の重工業を支えました。こうした日本の近代化、工業化からもたらされた大気汚染や水質汚濁などが「公共の利益を損なう行為」として理解されるようになり、この時期に「公害」という行政用語が用いられるようになっています。

1910年代から70年代前半にかけて、富山県神通川流域では、神岡鉱山の廃液にふくまれるカドミウムが原因の公害病が発生しています。子供を出産した女性に多く発症し、手足の骨がもろくなって激しい痛みを伴うことから「イタイイタイ病」と名付けられました。

高度経済成長期とは、1955年から1973年のオイルショックまで続いた急激な経済発展期のことをいいます。1950年（昭和25年）、日本では開発計画のもととなった「国土総合開発法」が制定されました。「国土総合開発法」とは、国土を開発していくための基本法で、これに基づいて策定された都市や道路、社会基盤等に関する長期的な整備計画を「全国総合開発計画（全総）」（経済企画庁）といいます。池田内閣時代の1962年（昭和37年）に閣議決定された最初の「全総」には、太平洋ベルトを中心に開発を進める計画が示されています。

1964年の東京オリンピック開催を控え、駒沢オリンピック公園の全面改修整備、日本武道館、国立代々木競技場竣工、新幹線開通、高速道路などの建設をはじめ大規模なプロジェクトが「国民所得倍増計画」のもとで次々に推進されていきました。1969年（昭和44年）には、「新全国総合開発計画（新全総）」のもとで、1970年（昭和45年）、初めての「日本万国博覧会」が大阪府吹田市で開催されました。

この時期に特徴的なことは、日本の産業構造が転換したことです。高度経済成長期以前の1950年、日本の第一次産業従事者は50％、第二次産業従事者は20％で、日本社会は農業中心の社会でした。ところが、高度経済成長期にサラリーマン中心の社会へと転換し、1975年には第一次産業従事者は10％台に落ち込み、代わりに第２次産業従事者が50％に達しています。

こうした産業構造の転換の背景には、これを支えた労働力と、新しい働き方を支える人々の新しい暮らし方への転換がありました。第一次産業に従事する「農業世帯」を中心に、職住接近の「自営世帯」が減少し、第二次産業に従事する「雇用者世帯」が増加しました。住居から勤務地に通勤するという新しい労働スタイルと、サラリーマンの夫、家庭を支える妻と子供たちという新しい家族形態—いわゆる「近代家族」といわれる「核家族」が多数派を占めるようになりました。

高度経済成長期に都市近郊の丘陵地などが宅地として開発され、公団などがどんどん建設されていったのは、このような世帯の新たな暮らしを支えるためでした。

さらに、教育の分野が、高度経済成長期に求められる新しい働き方を支える人材を送り込む役割を担っていきました。働くこと、学ぶこと、生きていくことは、社会という大きな枠のなかで否応なく大きな影響を受けているのです。

高度経済成長期に出現した公団は、それまでの日本家屋に一般的であった“ちゃぶ台”のある寝食一体型の部屋構成とは大きく異なっています。それは、“ダイニングテーブル”のあるダイニングキッチンと寝室と内風呂、水洗トイレ、カラーテレビが置かれた居間などから構成される寝食分離型の核家族世帯を前提とする設計でした。これが、当時の近代的な生活スタイルとして多くの国民の憧れとなっていきました。

1960年、当時の皇太子ご夫妻が東京の「ひばりヶ丘」団地を視察されると、全国に「団地ブーム」が起こり、宅地が量産されていきました。このような宅地開発などによる自然の減少や、自動車の普及による排ガス問題など、都市化に伴う環境問題を「都市型公害」といいます。

一方、国民生活の大きな変化を伴う労働力にささえられ、日本の急激な重化学工業が進展し、工業化による経済成長と表裏一体の問題として発生した公害を「産業公害」といいます。甚大な公害が広く社会問題として理解されるようになったのは、1956年（昭和31年）５月１日、熊本県水俣市にて「水俣病」が公式確認されて以降のことです。水俣病は、工場排水に含まれるメチル水銀化合物（有機水銀）に汚染された魚貝類を摂取したことで生じる中毒性中枢神経系疾患です。

新潟県阿賀野川流域でも1964年頃から水銀による公害病が発生し、水俣市と疾患が同様であることから「第２水俣病」あるいは「新潟水俣病」と呼ばれています。

三重県四日市市では、1960年頃から石油化学工場から出る煤煙中に含まれる亜硫酸ガスによって大気汚染が発生しました。多くの気管支炎やぜんそく患者を出したことから「四日市ぜんそく」といいます。

京浜工業地帯に位置する川崎市や、阪神工業地帯の尼崎市などでも四日市ぜんそくと同様の公害病が発生しています。イタイイタイ病とともに、これら、水俣病・第２水俣病（新潟水俣病）・四日市ぜんそくを含めて「四大公害病」といいます。

また、四大公害のほかにも「森永ヒ素ミルク事件」(1955年)、「カネミ油症事件」(1968年) など、食品添加物の問題や薬害など新たな「産業公害」が次々に発生し、当時の人々に深刻な被害をもたらしました。

高度経済成長期の工業化・近代化に伴う工場排水・大気汚染などの「産業公害」や「都市型公害」はいずれも、国の開発計画や産業政策によるところが大きな公害です。一般市民の側は、当時、公害の原因物質などの科学的な知識や情報を得たりする機会はほとんどありませんでした。

開発を進める国や産業側と一般市民との関係は、「加害者」VS「被害者」という対立構造のなかにおかれ、国会では集中的に審議が行われるようになりました。1970年11月末に開かれた臨時国会（第64回国会）は、公害対策を求める世論、社会的関心の高さにこたえて公害問題に関する集中的な討議が行われたことから「公害国会」と呼ばれています。そして、1971年にようやく「環境庁」(2001年から環境省) が誕生し、環境行政において、公害対策を中心とする環境対策が新たな段階を迎えていきます。

しかしながら、大きな枠組みで捉えれば「加害者」VS「被害者」という対立構造であった公害も、実際にその被害が発生した地域レベルで見れば、水俣病が象徴するようにそれほど単純な構造ではありませんでした。

公害の原因となったメチル水銀を排出したチッソ（株）は当時の水俣の町全体の経済を支える存在でした。被害を受けながらも、チッソを加害者として訴えて対立することは、経済的基盤を失い生活苦に陥ることを意味しました。公害が認定された患者数は、全体のごくわずかです。高度経済成長期に、原発建設に反対して闘った三重県の南島町は、建設推進派と反対派によってそれまでみな親戚のように仲が良かった小さな漁村が分断されました。
ともに暮らす場に生じる環境問題とは、どんな構造のどんな問題であっても、人と人とのつながりをも分裂させる問題なのです。

2.「消費革命」と「生活型公害」の登場

高度経済成長期、大量生産の体制が確立され、甚大な「産業公害」や「都市型公害」がもたらされたことは前節で見てきましたが、その後、環境問題は少しずつ質的に変化してきました。物質的に豊かになった日本で新たに問題視されるようになったのは「大量消費社会」とその結果浮上してきた「大量の廃棄物」の問題です。
「全国総合開発計画（全総）」のもとで日本の国土開発が進んだ高度経済成長期、各家庭の水や電力の消費量は大幅に拡大し、日常の生活におけるさまざまな製品の大量生産にともない、各家庭での消費量も急拡大していきました。同時に、各家庭からの一般ごみも増大しました。

この時期の特徴的な変化は、自家用車やさまざまな家電製品などの「耐久消費財」が一般家庭に急速に普及したことです。1953年は「電気元年」といわれています。この年に登場したいわゆる「三種の神器（じんぎ）」（白黒テレビ・洗濯機・電気冷蔵庫）は、1970年代はじめ頃には90％前後まで普及し、生活必需品になりました。

1960年代後半には「3C・新三種の神器」と言われたカラーテレビ・クーラー・カー（自家用車）が一般家庭に普及しはじめ、日本の国民生活は劇的に変わりました。これを「**消費革命**」といいます。

同時期に、プラスチック製品の大量生産もはじまりました。プラスチック製の容器やビニル袋、キッチン用品や食器、文房具などの日用品から玩具に至るまでありとあらゆるものがプラスチックを原料に大量生産されるようになっていきました。

プラスチック製品の「フラフープ」や、「だっこちゃん人形」（後に差別問題が指摘され新タイプの人形が登場）、プラモデル「潜水艦ノーチラス号」、着せ替え遊びの「リカちゃん人形」は爆発的に売れ、日本中の子供たちがプラスチック製品の遊具、玩具で遊ぶようになっていきました。

近年、急速に問題意識が高まったように見受けられるプラごみ問題ですが、この時期のプラスチック製品の大量生産とその大量消費の帰結として、60年以上も前の日本で既にプラごみ問題ははじまっていたのです。そして当時から、プラスチックごみの問題に気づいていたのはごみ処理事業にかかわる人々でした。

甚大な産業公害を経験した日本で、公害のひとつ「水質汚濁」と言えば工場排水の有害廃棄物をイメージします。しかし、高度経済成長期、近畿地方の水がめである滋賀県の琵琶湖や川崎市内を流れる多摩川など、日本の各地の河川・湖で産業公害とは異なる水質汚濁の問題が顕在化していました。

この問題の主な原因は、高度経済成長期に登場した「合成洗剤」が各家庭に普及したことでした。かつて日本の一般家庭では、洗濯や炊事には「石鹸」が使われていましたが、合成洗剤にはリンや界面活性剤など水域の生態系バランスを壊したり汚染したりする原料が多く含まれています。

琵琶湖では、合成洗剤に含まれる「リン」が生活排水となって琵琶湖に流れ込み、「富栄養化（ふえいようか）」が引き起こされ、大量の赤潮が発生しました。富栄養化とは、本来は自然界で発生しうる現象で、河川・湖や海などの水域に窒素やリンなど植物性プランクトンにとって栄養分となる「栄養塩類」が増え、植物性プランクトンが過剰に繁殖することで水質が沼地化したり悪臭を放ったりする現象のことです。合成洗剤の使用によってこれが人為的に引き起こされ、生態系のバランスが崩れてしまいました。

一方、川崎市内を流れる高度経済成長期の多摩川では、魚や川の生き物が姿を消したり、水面が白い泡で覆われたりする現象が起きました。これは、洗剤に含まれる合成化合物とともに、廃食油など水の自浄作用を阻害する水質汚染物質が生活排水に大量に含まれていることが原因でした。

こうして、合成洗剤の普及によって日本各地の水域で見られた富栄養化や水質汚濁などによる生態系の問題がきっかけとなって、合成洗剤追放運動や消費者運動が大きなうねりとなって日本全国に展開されていきました。

高度経済成長期、大量生産される製品が各家庭に普及・消費され、各家庭から大量に廃棄される物質の内容も性質も量も大きく変わっています。その結果、一般市民一人ひとりの日常生活が環境に大きな負荷を与えるようになりました。合成洗剤に象徴されるような一般家庭の日常生活由来の公害を「生活型公害」と呼びます。[※1]

前節と本節でとりあげた「産業公害」・「都市型公害」と「生活型公害」を比較すると、環境問題をめぐる人と人との関係性の変化に気が付きます。「産業公害」・「都市型公害」では、大まかに捉えると、国や産業側と一般市民との間柄は「加害者」VS「被害者」という対立関係が特徴的です。一方、「生活型公害」においては、一般市民が環境問題のネガティブな影響を被る「被害者」であるだけでなく、自らも環境に負荷をかけているという理解のもとで、極端な言い方をすれば、すべての人々が「加害者」&「被害者」の両側面をもつことが見えてきます。

このように、同じ時代の環境問題であっても、それらの問題構造の違いに注目することで、環境保護実践、環境教育実践に新しい理解と新しい展開の可能性が示されます。つまり、「生活型公害」のような環境問題においては、政府や産業側に加害者を見いだしたり、他者に行動転換を求めたりするだけでは問題解決は難しいということです。

大量生産は、大量の消費があって初めて成り立つ構造です。商業主義、コマーシャリズムの問題があるとしても、理屈の上では私たち市民一人ひとりが大量消費を抑制できれば、この構造を転換する力になります。産業側は利益にならない生産活動をしたりはしないからです。

この意味で、**環境問題は私たち一人ひとりの生活の仕方、日々の消費の仕方、ライフスタイルの問題**でもあるのです。

3.「大衆消費社会」と化学物質による環境汚染・生物汚染

日本の高度経済成長を支えた要因は、一般市民の側から見れば、働き方、暮らし方を転換することで豊かな労働力を提供してきたことです。日本の開発政策の側から見れば主要なエネルギー源を石炭から石油に転換できたことも主要な要因のひとつです。高度経済成長期に「大量生産・大量消費・大量廃棄」という一連の構造が確立していくなかで、日本にとって石油はエネルギー源としてだけでなく、さまざまな製品の原料としても重要な存在になっていました。

そんななかで、1973年10月に起きた中東戦争の影響による原油価格の高騰は日本経済にとって大きな打撃を与えました。これを「第一次オイルショック」(第二次オイルショックは1979年)と呼びます。1974年度日本経済は戦後初めてのマイナス成長となり、高度経済成長期の終わりを迎えました。

その一方で、石油に依存する経済の立て直しを迫られる事態に陥った日本の大量生産の体制は、皮肉にもこのオイルショックがきっかけとなって、より一層拡大し、加速化していくことになったのです。

それは、産業公害対策とはまた別の意味で、オイルショック下での産業拡大のための省エネ化やそれによる効率化の促進など、新たな角度からのプロセスでもありました。コンピューターをはじめ、1970年代初頭にアメリカで起こったデジタル革命のテクノロジーを積極的に採り入れながら、低燃料化や減量経営を徹底的に進めるなかでの大量生産の体制が確立されていきました。こうして1960年代に急激に拡がりつつあった大量消費がしだいに大衆化し、1970年代の日本はいわゆる「**大衆消費社会**」となったのです。

1971年、銀座に「マクドナルド」の第１号店がオープンし、1972年には中国から贈られたパンダが上野動物園にやってくるとたちまち日本中にパンダブームが起りました。日本で初めてのコンビニエンスストア「セブン－イレブン」日本１号店が江東区にオープンしたのが1974年。1970年代は、「およげ！ たいやきくん」、「ユーミン」、「キャンディーズ」、「仮面ライダー」、「宇宙戦艦ヤマト」、「天才バカボン」、「インベーダーゲーム」などなど、人気アイドル、人気アニメ、人気キャラクターなどがテレビの宣伝広告とともに瞬く間に“お茶の間文化”となり、「竹の子族」をはじめ多様な若者サブカルチャーが出現しました。

使い捨てライター、使い捨てカイロが流行し、電子レンジや食器洗い機、ウォークマンなどの新たなテクノロジーを使った製品も次々に登場しました。

この時期に特徴的なことは、新たな「**有害物質（化学物質）の環境汚染問題**」が顕在化したことです。1968年（昭和43年）、西日本を中心に「カネミ油症事件」が発生しました。PCB（ポリ塩化ビフェニル）による食中毒事件で、福岡県のカネミ倉庫株式会社で製造された米ぬか油を摂取した人たちの皮膚が黒くなったり、手足のしびれが起きたりするなどの諸症状が現れました。

原因は、米ぬか油の製造工程の熱媒体として用いられていたPCBやPCDF（ポリ塩化ジベンゾフラン）が米ぬか油に混入したことでした。当時、PCBは、絶縁性、不燃性などの特性によりトランス、コンデンサといった電気機器をはじめ幅広い用途に使用されており、PCBの毒性による環境汚染・生物汚染が社会問題として注目されるようになると、通商産業省（当時）は1972年３月、PCBの製造・使用を禁止しました。

大量生産とともに急激に増加した化学物質のなかには、ひとたび環境中に排出されると分解されにくく、人や野生生物などの体内に蓄積して有害な影響を及ぼし、地球上で長距離を移動して遠い国の環境にも影響を及ぼすおそれがあります。このような性質の化学物質を残留性有機汚染物質（Persistent Organic Pollutants)、通称POPs（ポップス）と呼びます。

たとえば、ダイオキシン類やPCB（ポリ塩化ビフェニル)、農業用の有機合成殺虫剤DDTといった化学物質です。POPsは生物に蓄積しやすいため、環境中にある量が少なくても、食物連鎖による生物濃縮によってより高次の捕食者の体内に高い濃度で蓄積して悪影響が起こるのではないかと心配されています。

さらに、POPsは大気や海流に乗って移動したり、渡り鳥などの移動性の生物に取り込まれてともに移動したりすることで、製造・使用していない遠く離れた場所にも運ばれます。

たとえば、発生・使用時に飛散したり、揮発したりして空気中に拡散したものが、大気の流れに乗って移動し、冷たい空気に触れることで地上に降下することが考えられます。実際、PCBを製造したことも使用したこともないアラスカなどに住むイヌイットの人たちの血液からもPCBが検出されるといったことがありました。[※2]

その後、カネミ油症事件やこうした残留性有機汚染物質の長距離移動のケースを背景に、製造および使用の廃絶・制限、排出の削減、これらの物質を含む廃棄物等の適正処理等を規定する「POPs 条約」（正式名称「残留性有機汚染物質に関するストックホルム条約」）が2004年（平成16年）に発効されました。

POPs には、大きく分けて農薬や殺虫剤、工業化学品として製造され、使用される化学物質と、意図せずに生成されてしまう化学物質とがあります。現在、農薬や殺虫剤17物質、工業化学品11物質が POPs 条約の対象物質となっています。※3

「POPs 条約」が締結された背景には、1992年に開催された国連環境開発会議（UNCED)、通称「リオ地球サミット」で採択された「環境と開発に関するリオ宣言」の第15原則「**予防的方策**(Precautionary Approach)」があります。これは、「**予防原則**(Precautionary Principle)」とも呼ばれています。予防原則とは、因果関係が科学的に証明されるリスクに関して、被害を避けるために未然に規制を行うという「未然防止（Prevention Principle)」とは異なり、環境保全や化学物質の安全性などに関し、環境や人への影響および被害の因果関係を科学的に証明されていない場合においても、予防のための政策的決定を行う考え方です。※4

このように、高度経済成長期から、大量生産や大量消費、大量廃棄行動が定着し、**産業公害、都市型公害、生活型公害、化学物質による環境汚染・生物汚染**などが次々に顕在化してきました。

科学技術の進歩発展とともに環境問題の質や規模、構造が変化しつつ、新たな形で今もなお大きな問題となっています。訴訟問題は公害の被害者が高齢化したり亡くなったりすることで見えにくくなっていますが、被害者の生活支援など、公害公式確認から60年近くたった今も公害は依然として続いている問題なのです。

コラム〈3〉スタジオジブリ・アニメ『平成狸合戦ぽんぽこ』で考える「昭和」

『平成狸合戦ぽんぽこ』（宮崎駿企画、高畑勲監督のスタジオジブリの1994年の作品）は、高度経済成長期の多摩丘陵の宅地開発を背景とするアニメ作品です。都市開発によって自然資源が減少しつつあった日本社会のさまざまな矛盾が、開発で住まいを失ったタヌキたちの目線をとおしてシニカルに描かれています。

ある日、タヌキたちは対策会議を開き、人間に化ける術を鍛錬して人間社会に紛れ込み、開発をくい止めようと奮闘努力します。しかし、このプロセスにも大きな矛盾が見え隠れします。近代化を批判する一方で、粗大ゴミ置き場から拾ってきたテレビをつけ、TV ニュースを通じて開発計画についての情報収集をするタヌキたち。テレビの娯楽番組に興じる子ダヌキたちや、大量生産によってもたらされたファストフードや加工食品、栄養ドリンク剤に依存するタヌキたちもあらわれます。近代化にあらがいながらも文明の利器を取り込んでいくタヌキたちの姿が、ふと気がつけばプラスチックに覆われた生活を享受する平成、令和を生きる今の私たちとも重なる大変興味深いアニメ作品です。

エコ実践 3 ……身近な人々に学ぶ

川崎市「キッチンからの地球環境保護」40年の歩み

1970年代後半、化学物質（合成化合物）を多量に含む家庭用合成洗剤の大量生産がはじまり、急速に家庭に普及しました。同じ頃、川崎市を流れる多摩川の水面が泡立つようになりました。

多摩川の汚染原因が、合成洗剤や使用済みのてんぷら油などを含む生活排水が原因であることを一人の専業主婦であった薄木かよ子さんが突き止めました。これがいわゆる「生活型公害」の一つの現象です。

1980年、薄木さんは仲間に呼びかけて、合成洗剤追放のため神奈川県下で署名運動を開始しました。集めた署名を議会に提出するも、残念ながら議会を動かすことはできませんでした。そこで、自分達の仲間を川崎市議会に送る「代理人運動」をはじめたり、「市民ネットワーク」をつくるなど、

合成洗剤や食廃油の利用から出発

さまざまな努力を重ねましたが、それでも合成洗剤を追放することはできませんでした。

「それならば、自分たちでできることを！」と発想を転換し、廃食油を回収して純植物性石鹸（自然界に循環する石鹸）にリサイクルし、その石鹸を普及させて、二つの汚染物質（廃食油＋合成洗剤）を出さないライフスタイルを促そうと考えたのです。そして、1984年「かわさき・石けん工場をつくる市民の会」を設立し、一人一口千円の出資を6000人の市民から集めました。

このような市民の動きに川崎市も協力し、1989年に市が土地を提供して「川崎市民石けんプラント」が設立されました。（2005年 NPO 法人化。現在の理事長は清水真理子さん。）

石けんプラントはワーカーズ・コレクティブによる市民事業として運営され、知的障がい者を雇用し社会福祉と環境保全を同時に促す廃食油リサイクル石鹸づくりに取り組んでいます。廃食油を回収し純植物性石けん「きなりっこ」を生産・販売するだけでなく、廃食油を提供してくれた小学校で「きなりっこ」を活用した環境教育を実施したり、エコロジカルなライフスタイルの推進活動を行う人々の認証制度として「せっけんマイスター制度」をつくるなど、多角的に多摩川の保護活動を展開しています。また、廃食油で「バイオディーゼル燃料」をつくり、川崎市の一部のバスで利用するなどの取り組みも展開しています。

日常生活の日々のキッチンでのささやかな行為が、河川の水質汚濁を防ぎ、海洋環境を守り、結果として地球温暖化を防止する貴重な活動になっていますが、この取り組みの意義は、社会的弱者としての障がい者を持続可能な社会の担い手として、ともに働く仲間としての価値を回復しつつ、捨てられていた油を資源に変えたことにもあります。そして、自分達でできることをはじめることで、対立関係にあった行政とのかかわりを転換し、持続可能な地域づくりという共通の目的のために協力しあう関係に変化させていったことだと思います。

“キッチンからの環境保護”は、特別な知識がなくても、誰にでも今すぐできることを示しています。多摩川を愛する人々の思いが大きく実を結んだ事例です。

情報源：NPO 法人川崎市民石けんプラント会報
NPO 法人川崎市民石けんプラント公式サイト
https://kinarikko.kazekusa.jp
「きなりっこ」フェイスブック
https://www.facebook.com/kinarikko/
神奈川県ワーカーズ・コレクティブ連合会
https://wco-kanagawa.gr.jp/soap-plant/

【第３章の注※について】

※１（P52）『緊急普及版　環境百科　危機のエンサイクロペディア』駿河台出版社　2011
※２（P56）環境省2021年３月発行「POPs 残留性有機汚染物質」パンフレット
※３（P57）経済産業省
https://www.meti.go.jp/policy/chemical_management/int/pops.html
※４（P57）環境用語集 EIC ネットより

【第３章の参考文献】

＊環境省 『環境省五十年史（令和３年12月）』PDF
https://www.env.go.jp/publication/history/50th/index.html
＊本田由紀 『社会を結びなおす　教育・仕事・家族の連携へ』 岩波書店　2014
＊石牟礼道子 『苦海浄土』（講談社文庫新装版） 講談社　2004
＊原田正純 『いのちの旅―「水俣学」への軌跡』（岩波現代文庫） 岩波書店　2016
＊緒方正人 『チッソは私であった：水俣病の思想』（河出文庫版）河出書房新社　2020
＊アンドリュー・レヴィタス監督 『MINAMATA―ミナマタ』（Blu-ray 版） MINAMATA FILM　2022
＊山根一眞　DVD『映像で振り返る僕らの昭和』（第５巻環境問題編） ㈱ケー・シー・ワークス　映像提供㈱東宝ステラ日映アーカイブ
＊「足尾銅山観光」公式サイト（「銅山観光」は、日光市足尾銅山の坑内の一部を開放し、その歴史や仕組みを伝える博物館）
https://www.city.nikko.lg.jp/asiokankou/kankou/ashio/taiken/douzan.html
＊日光市足尾環境学習センター
https://www.city.nikko.lg.jp/shisetsu/gakushusenta.html
＊水俣市立水俣病資料館公式サイト　https://minamata195651.jp
＊「環境立県くまもと」熊本県環境センター
https://www.kankyo-kumamoto.jp/default.html
＊LiSE：Life Science & Environment research center 川崎生命科学・環境研究センター公式サイト　https://www.kawasaki-lise.jp/about.php
＊四日市市環境学習センター　www.eco-yokkaichi.com/jigyo_other.html
＊北九州市環境ミュージアム　https://virtual-eco-museum.com

第４章
構造的暴力と無自覚のふるまい

1. 現代社会の“新種の公害”「環境ホルモン」の出現

1982年、東北・上越新幹線が開通し、1983年に「TDL 東京ディズニーランド」が開園して大きな話題になりました。1985年には電電公社が民営化されて通信が自由化し、日本は「バブル景気」に突入しました。1980年代、「YMO」の登場でテクノポップ音楽が大流行し、「ゲーム＆ウオッチ」、「ファミコン」、「ゲームボーイ」が発売されました。「おニャン子クラブ」がデビューし、「新人類」という語が流行、「24時間戦えますか」とのキャッチコピーを使った栄養ドリンク剤の TV コマーシャルは大きな話題になりました。

1990年代には、「スーパーファミコン」や「携帯電話」が流行し、「カラオケボックス」や「ディスコ」が日本各地にオープンしました。1991年にできた「ジュリアナ東京」はバブル期の若者サブカルチャーの代表でした。1990年代の初頭まで続いたバブル経済に陰りがみえはじめた頃、いじめによる自殺が急増し、大量消費が拡大しつつある社会のひずみを象徴するかのような事件が頻発しました。戦後50年にあたる1995年には「地下鉄サリン事件」が発生しています。

科学技術の進歩発展による問題のひとつは、人間が生み出し、人間が活用するものでありながら、それらが人間を含む生物や自然界に対していかなる影響をどのような規模で及ぼすのかがわからないことです。「有害物質（化学物質）の環境汚染問題」はその典型で、前節でみたように既に1960年代後半から70年代にかけてPCB（ポリ塩化ビフェニル）などPOPsの問題が顕在化していました。それに加えて、1990年代になって注目されはじめたのは「**環境ホルモン**」の問題です。

生物が生体内外の情報に応じて自らの体内で作り出す情報伝達物質を「ホルモン」と呼びますが、環境中にある物質のなかで体内に取り込まれることで「ホルモン作用」を乱す（攪乱（かくらん）する）作用があるものを「外因性内分泌攪乱化学物質」といい、これを通称「環境ホルモン」と呼んでいます。

環境省によると、1960年代以降、世界各地での野生生物の観察結果から、これまでの医学、生物学、毒性学では説明が困難な現象が人や野生生物に見られるようになったことが既に報告されていました。たとえば、魚類、爬虫類（はちゅうるい）、鳥類といった野生生物の生殖機能異常、生殖行動異常、雄の雌化、孵化（ふか）能力の低下などです。環境中に存在している化学物質などが生体内であたかもホルモンのように作用することで、内分泌系を攪乱することがあるのではないかと心配されるようになりました。

1996年にシーア・コルボーンが『奪われし未来』を通じて「環境ホルモン」の危険性について世界中に警鐘を鳴らしたことがきっかけとなり、日本でも化学物質による野生生物や人の生殖機能などへの影響が疑われる多くの事例が取り上げられ、「環境ホルモン」の問題への関心が高まりました。こうして諸外国よりも10年近く遅れて日本でも「環境ホルモン」についての対策がはじまったのです。[※1]

現在67種類の化学物質が環境ホルモンとされています。たとえば、ダイオキシン類やPOPsの対象でもあるDDTなどの有機塩素系の殺虫剤やPCBポリ塩化ビフェニルの他、合成洗剤や殺虫剤として使用されている有機塩素化合物、アルキルフェノール類、ポリ塩化ビニル（プラスチック）の可塑(かそ)剤などに使用されるフタル酸エステル類、漁網や船底の塗料に使用されていたトリブチルスズ、植物性エストロゲンなどです。

これらの物質は、日常生活のなかにあふれるプラスチック製品や殺虫剤などにも含まれていますが、環境ホルモンの問題はこれらが人体に摂取された時、どのような働きをするのか、まだまだ研究途上にあることです。政策的な対応のために必要な、問題の因果関係についての科学的根拠などを得るには膨大な費用と時間を要します。

環境ホルモンとの関連の可能性が指摘される問題は広く、人への影響としては、若い男性の精子数の減少、女性の子宮内膜症者の著増、生殖器ガン、子供の喘息(ぜんそく)とアトピーの増加、注意散漫多動症など多岐にわたります。とくに、化学物質の生体影響は、生命の初期段階で強く表れ、その影響は成長後にも傷跡として残ることがあることから、環境ホルモンの問題は胎児や乳幼児への**“見えざるリスク”**として、「世代を越えた影響をもたらすおそれがある重要な問題」です。[※2]

2. ファストファッションと「価格破壊」が生む格差社会

日本でIT（Information Technology 情報技術）の商用利用が1993年に開始されて以降、インターネット利用者が急増し、パソコンや携帯電話などの情報端末が急速に普及しました。2000年には「IT基本法」が制定され、「IT革命」という語が流行しました。

ITインフラ整備、ブロードバンド回線や高機能の携帯電話の普及、電子商取引の環境整備のほか、行政サービスや医療、教育、防災、子育て・介護支援などなど、あらゆる分野でITの利活用やデータ利活用などが推進されるようになり、ICT（Information and Communication Technology 情報通信技術）も飛躍的に向上していきました。

総務省「令和３年版　情報通信白書」によれば、2010年のスマホの世帯保有率は9.7％でした。それがわずか10年後の2020年には86.8％に伸びています。冷蔵庫やテレビが珍しかった時代から40年で、かつての日本社会には想像もできなかったような暮らしが大衆化していきました。このようなICTの飛躍的な向上に示されるような社会変革を「高度情報化革命」と呼びます。

収集・蓄積・解析のすべてにおいてITの技術革新がもたらされ、「ビッグデータ」を経営資源として活用できるようになると経済市場、金融市場は一層高度化、グローバル化し、「大量生産・大量消費・大量廃棄」の一連の構造の中で、大量販売がもたらす現象がより顕著になっていきました。

これらを背景に、1990年代には「ディスカウントストア」と「価格破壊」が社会現象になっています。

「価格破壊現象」とは、ある特定の商品群について、これまではありえなかった低価格で販売されるようになった現象のことで、製造業によるかつての安売りとは異なり、流通業がプライベートブランドの開発などによって商品を低価格で販売するものです。

具体的には、①大量買取による低価格での仕入れや物流コスト削減、②在庫管理の徹底や人件費削減等による販売管理コスト削減、③外国からの商品直輸入や自社の低価格プライベートブランド商品の開発、④薄利多売（大量生産・大量消費）等、ITを活用した徹底したコスト削減と、大量生産・大量消費によって価格破壊が実現します。

1990年代初頭、バブル崩壊で高級ブランド服の人気が低迷した日本の市場で、価格破壊の典型的な商品の一つとして、国内外の安価な衣料品が大流行しました。これらは「ファストファッション」と呼ばれ、この大量生産の影響が世界的な環境問題となっていますが、今では日本の一つの文化のようでもあります。

「**ファストファッション** Fast Fashion」とは、Fast Food ファストフードと同様、「早い・安い・手軽」な意味合いで、最新の流行を採り入れながら低価格に抑えた衣料品を、短いサイクルで世界的に大量生産・販売するファッションブランドやその業態のことです。低価格で品揃えを目まぐるしく変えることで、消費者に衣服の頻繁な買い替えと廃棄を促します。生産から消費、廃棄のプロセスでさまざまな環境問題を引き起こし、途上国の人々に大きな負荷をかけているといわれています。

生産者側の問題として、ファストファッション産業の生態系への影響は大きく、業界全体で、人間活動による二酸化炭素排出量の10％を排出しており、これは国際航空業界と海運業界を足したものよりも多いのだそうです。その理由は、製造部門がアジアに集中し、主として無煙炭や天然ガスで作られた電気や熱を利用しているためです。現状が継続されるなら、ファストファッション業界からの温室効果ガス排出量は、2030年までに50％近く増大すると予測されています。

生産プロセスでは、大量の水資源も消費されます。たとえばジーンズ１本の制作で、平均的な人が７年かけて飲む水の量に相当する約7,500リットルもの水を消費します。業界全体では、毎年930億㎥もの水を使用し、途上地域の水源を干上がらせていると報告されています。これは、500万人のニーズを満たすのに十分な水の量です。繊維の染料など化学物質も多量に使用し、十分に管理されていない汚染物質を含む工場排水でアジア各地の河川や水源が汚染されています。

また、しばしばファストファッション業界は途上国の貧しい人々の上に成り立っていると指摘されています。ファストファッション業界とは、商品を低価格に抑えるためにコストをできる限り削減し、低賃金での労働力を確保することで成り立つため、通常、生産拠点は途上国に置かれています。

途上国のなかでも最貧国は、経済的に困窮しているため、仕事を選ぶことも、雇用者に対して労働条件についての要望を出すこともできません。雇用する強者の側は、“これで請け負えなければ、他の所に発注する”というだけで成り立つ構造なのです。

この歪みが浮き彫りになったのが2013年４月24日、バングラデシュの首都ダッカから北西約20キロに位置するサバールという町で発生した大惨事「ラナ・プラザの崩落事故」です。バングラデシュはアジアの最貧国の一つであり、安い人件費を目当てに、先進諸国の多くのファストファッション・ブランドが縫製工場を置いています。ずさんな安全管理や違法増築が原因で崩壊した「ラナ・プラザ」は、８階建ての商業ビルで、27の縫製工場が所狭しと詰め込まれていました。そのなかには世界から名の知られたファストファッション・ブランドも入っていたといわれています。

「ラナ・プラザ」の悲劇は、事故の前日、ビルの壁面に亀裂が入っていると不安を訴えた従業員たちがいたにもかかわらず起きた大惨事で、死者1127名。行方不明者は500名以上、負傷者は2500人以上にのぼったと伝えられています。

事故当時、建物のずさんな安全管理の問題も大きく採り上げられましたが、大きな環境負荷を与えながら、低賃金で従業員を酷使することで成り立つファストファッション業界の矛盾が浮き彫りになったことで世界中に衝撃を与えました。

この大惨事に衝撃を受けた若い映画監督アンドリュー・モーガンが制作し、私たちの身近な衣服の背後にあるファッション業界のさまざまなつながりを可視化したドキュメンタリーフィルムが有名な『ザ・トゥルー・コスト～ファストファッション 真の代償』です。この作品が、世界中のファッション業界の生産活動をよりサステナブルに、よりエシカルに促すきっかけになったと言われています。私たちが、無自覚のうちに、消費者として大量生産構造に参加する自身の衣生活を見直すきっかけを与えてくれます。

消費者側の問題として、衣料品の消費と廃棄量の拡大は、ファッションがもはや使い捨てのアイテムになってしまったことを示しています。2014年に消費者が購入した衣類は2000年に比べて60%増えている一方で、買ったものを手元に置いておく期間は半分に減っています。（McKinsey,2019,「The State of Fashion Report」）

いまや衣料品は使い捨てなのです。一方、製造された衣類の85%が毎年ごみとなって、毎秒トラック１台分の衣類が焼却あるいは埋め立て処分されています。日本の衣類廃棄量は年間約100万トンで、これを枚数に換算すると33億着です。

こうした現状に、国連はパリ協定の目標とも整合する「ファッション業界気候行動憲章」※3を定めたり、メーカー側もさまざまな工夫と努力をはじめ、環境省も「サステナブルファッション」※4などの意識啓発活動やさまざまな対策を進め、消費者も古着をリサイクルする人も多くなっています。

しかし残念ながら、ファストファッションの大量生産の規模は拡大し続け、衣服が使い捨てのように消費されるスピードが、さまざまな取り組みを凌駕（りょうが）しているのが現状です。たとえば、ガーナのカンタマント市場では、先進諸国でリサイクルや寄付に回った衣料品が毎週約1500万着輸入され、古着商が買い付けています。しかし、近年古着のなかに低品質で古着としては売れないファストファッションの割合が増え、ガーナに輸入される衣料品の約40%は廃棄されています。

ガーナの海岸近くには必要とされなくなった衣類の巨大な埋立地ができ、結果として、ファストファッションの約50万トンものマイクロファイバー（石油300万バレルに相当）が埋め立て地から徐々に海に流れていると伝えられています。そもそも消費を削減することを基本とするライフスタイルの転換、衣文化の転換が私たち一人ひとりに求められています。

3.「アマゾン熱帯雨林」と先進国の私たち

地球上の森林は「炭素吸収源」として毎年およそ20億トンもの二酸化炭素を吸収し、地球温暖化を防いでいます。森林は地球上の陸地面積のほぼ31％を占めていますが、なかでも熱帯雨林は生物多様性の宝庫です。地球上にはアマゾンとコンゴ盆地とインドネシアのスマトラの３カ所の大きな熱帯雨林があり、これらだけで世界の森林面積の約４割を占めています。とりわけ、広大なアマゾン熱帯雨林は、地球上のすべての陸上生物の10％が生息し、**“地球の肺”** とたとえられるように地球全体の大気循環や水循環を整える大きな役割も担っています。

1970年代、これらの熱帯雨林で大規模開発がはじまりました。鉱物資源の採掘、油田やダム開発、木材の伐採、加工食品や洗剤、化粧品など日用品の原料となるアブラヤシをはじめとする商用作物、家畜飼料穀物の大規模モノカルチャー（単一栽培）のためのプランテーションの開墾、道路の建設など、豊かな資源を産出する熱帯雨林はあたかも先進諸国の大量消費の原料供給地であるかのように開発されています。

こうした問題の対策の一つとして、2004年 RSPO「持続可能なパーム油のための円卓会議」（Roundtable on Sustainable Palm Oil）という国際的な非営利組織が設立されました。パーム油を生産するアブラヤシ・プランテーションのための森林伐採をはじめ、熱帯雨林で発生しているさまざまな問題を解決するため、RSPO では、生産に関わる諸活動が人と生態系に配慮ある資源・製品・取り組みであることを示す「RSPO 認証」のしくみをつくっています。

しかし、生産活動の拡大や開発に伴う問題の増加に対策が追いついていないのが現状であると伝えられ、近年、日本でもTVニュースでアマゾン熱帯雨林火災がしばしば報道されました。これは、過剰な森林伐採や、開発に伴って発生した森林火災です。森林火災は、落雷などで自然に発生する季節もある一方、森林を焼いて家畜の放牧地や畑を作る人為的な発生も多く、火災の頻発は開発の拡大を物語っています。

朝日新聞は2019年「今年1月以降のアマゾンでの森林火災件数は3万9千件を超え、昨年の同時期よりも78%増えた。焼失面積も前年同期より79%増えて1万8629平方キロメートルに上る。福岡、佐賀、長崎、熊本各県の合計面積とほぼ同じ広さが焼けた」と伝えています。（朝日新聞デジタル版2019年8月24日号より）

2022年のINPEの報告書によると、アマゾン川流域での温室効果ガスに関する、10年間にわたる研究結果では、この地域全体の約20%が大気中のCO2の排出源であることを示し、アマゾン熱帯雨林の最大5分の1で、二酸化炭素（CO2）排出量が吸収量を上回っていることが、最新の研究で明らかになっています。

もともと熱帯雨林には、資本主義経済システムに拠らず、持続可能なアグロフォレストリー（森林農法）を営む多くの先住民族たちが暮らしています。伝統的な暮らしのなかで、自然と共生する固有の文化を紡いできた民族の豊かさに注目すれば、熱帯雨林は**“文化的多様性の宝庫”**そのものです。熱帯雨林の開発問題はこれらの自然破壊だけでなく、先住民族たちやさまざまな野生動物たちの住処も奪います。

とくに、アマゾン地域の東部には先住民族居留地に最大の原生林があり、そこでは伐採は禁止されているにもかかわらず開発や違法伐採が進んでいます。先住民族たちは土地に根差して生活しているからこそ、土地の生態系を守ることができます。彼らが土地を追われることは、生態系の崩壊だけではなく、先住民族の叡智と生の営みの多様性の消滅であり、地球全体の大きな損失をも意味します。

> 多くのかたちで表れる甚だしい環境の酷使と悪化は、地域共同体の暮らしを支える資源を使い尽くすだけでなく、長きにわたって、その文化的なアイデンティティを培い、生きることと、ともに暮らすことの意味へのセンスを育ててきた社会構造をも台なしにします。一文化の消失は、植物や動物の一生物種の消失と同様に深刻、否、より深刻でさえありえます。(LS.145)

アマゾン熱帯雨林と先住民族たちの危機的な状況に、2018年１月、教皇はペルーを訪問し、アマゾン川流域から集まった約2,500人の先住民族たちのもとを訪れました。そこで、教会が「生命の擁護と地球の擁護、文化の擁護に全面的に取り組むこと」を約束し、共に働くように先住民族たちに呼びかけられました。（カトリック新聞2018年２月４日4420号より）

その翌年、教皇は「アマゾン、教会と総合的エコロジーのための新たな歩み」をテーマに、「アマゾン周辺地域のための特別シノドス（世界代表司教会議）」を開催し、2020年に使徒的勧告『愛するアマゾン』を発表されました。

（Special Synod on the Amazon, FINAL DOCUMENT, THE AMAZON: NEW PATHS FOR THE CHURCH AND FOR AN INTEGRAL ECOLOGY, 26. 10. 2019）

このなかで教皇は、ベネディクト十六世の言葉を引用しながら、次のように語っています。

「自然の環境保護だけでなく、いわば「人間のための」環境保護もあります。「社会環境の保護」を必要とするものです。つまり、……人類は、自然環境エコロジー、すなわち自然に対する配慮と、ヒューマン・エコロジーとの関連をよりいっそう強く意識しなければならないのです」。「あらゆるものはつながっている」というあの主張は、アマゾンのような地域にはとくに当てはまるのです。(『愛するアマゾン』41)

4.「価格破壊」に見る「構造的暴力」と技術至上主義

環境問題は多種多様で、その原因もまた多様で複雑です。しかし、本章でみたような代表的な問題の多くは科学技術の進歩発展とともに確立されてきた「大量生産・大量消費・大量廃棄」の構造によるところが大きい問題だと言えます。

環境問題の多くが、自然の再生能力を超える規模での自然資源採取による自然枯渇と、自然界の浄化能力を超える規模での廃棄による汚染です。これらが物質の循環、大気や水の循環のバランスを破壊し、悪循環が起きています。自然の枯渇問題と汚染問題の両方を促すのが、「大量生産」「大量消費」「大量廃棄」それぞれの連なりです。構造的に「大量生産・大量消費・大量廃棄」という一連のものとして捉えることで、その場に働くさまざまな副次的な要因や、解決への糸口も見えやすくなると思われます。

たとえば、「大量生産・大量消費・大量廃棄」の構造は、科学技術の進歩発展とともにその力をますます拡大してきていますが、結果的に、貧困層と支配層との格差拡大の仕組みであるかのようにも働いています。

消費者に商品を届けるため、原料や部品を調達し、製造・加工、在庫管理やディストリビューション（物流）から販売までの必要な一連のプロセスを「サプライチェーン（供給の連鎖）」といいます。

一方、「バリューチェーン（価値連鎖）」という言葉は、商品の製造から販売までの一連のプロセスを事業活動全体の価値を生み出すさまざまな諸活動の連鎖として捉え、経営戦略に活かそうとする考え方です。こうした見方のなかで、人的資源や自然資源などさまざまな諸資源を可能な限り低コストで活用しつつ、事業活動における価値をできる限り多く生み出すべく、より高い効率を追求することが業務となっていきます。

バリューチェーンをマネジメントする側とマネジメントされる側という関係に、他社との比較・競争が加わって決定的な格差構造が生まれます。

1980年代から90年代にかけて、ITの技術革新が「ビッグデータ」を扱うことを可能にし、大量生産プロセスに拍車をかけつつ、人々や自然そのものの価値よりも経済的に役立つことを少しでも効率的に生かそうとする構造が、より強固なものになっています。「価格破壊」とは、最終的に支配権を行使できる側に収れんされていく経済価値連鎖の構造のように見えます。

> ……先進諸国や社会の富裕層では浪費と廃棄の習慣がこれまでにないレベルに達しており、そうした消費レベルの維持は不可能で

> あることをわたしたちは皆、知っています。地球開発はすでに許容限度を超えており、それなのにわたしたちは、いまだに貧困問題を解決してはいません。(LS.27)

「大量生産・大量消費・大量廃棄」の構造に働く効率主義は、自然や人の内在的な価値よりも経済効率を優先させていきますから、一人ひとりの活動において何ら悪気はなくても、地球規模のつながりのなかで無自覚のうちに、私たちが間接的に弱い立場の人々を傷つけ、彼らの犠牲の上に豊かな消費生活を送っている側面も見えてきます。

このような無自覚のふるまいを自覚することなくしてライフスタイルの転換は困難です。構造的にものごとを見る理由の一つは、こうした私たち自身のふるまいが世界の隅々にまでつながっていることを可視化するきっかけを提供してくれるからです。

社会学者であり平和学者でもあるヨハン・ガルトゥングは、多様な相互連関のなかで誰かが意図的に特定の対象を傷つけようとしているわけではないのに、一部の人々が理不尽な状況に置かれてしまうような社会のつながりを、加害者不在の「構造的暴力」「間接的暴力」と名付けています。

平和と戦争はしばしば対義語のように示されますが、ガルトゥングは、単に戦争がないからといって、飢餓に直面する人々やホームレスがあふれる世界が平和だと言えるはずがないと述べています。そして戦争や直接的な暴力がない世界を消極的平和、それに対して、「構造的暴力」「間接的暴力」がない世界を目指さねばならないと言いました。

「構造的暴力」という語がもたらした意味は、地球全体のさまざまなかかわりや影響を俯瞰したなかでの、私たち一人ひとりのふるまいを問うことへと私たちを向かわせてくれることだと思います。環境問題とはまさに「構造的暴力」の問題なのです。先進国の私たちは、価格破壊によってもたらされた商品であふれかえる市場で、明らかに大量消費、大量廃棄をする側にいます。私たちは、自然環境を傷つけようとか、まして途上国の人々を傷つけようなどとは思っていません。

しかし、このような「大量生産・大量消費・大量廃棄」の構造のなかで、消費者として参加することは、この持続不可能な生産と消費のつながりを活性化する側面もあることは否めません。

教皇は、「構造的暴力」のなかで一層そのネガティブな側面を発揮するテクノロジーについて、立ち止まって問い直すように呼びかけています。かつての産業公害や、その後生活型公害が顕在化した高度経済成長期と異なり、1980年代以降の環境問題では、科学技術の進展によって、事象間のつながりが一層複雑になってきています。原因のあるところと結果が及ぶところには、空間的にも時間的にもより大きな隔たりが生じやすくなり、目に見えにくくもなっています。

バイオテクノロジーなど、科学技術は新しい局面を迎えています。「大量生産・大量消費・大量廃棄」の構造は、人々に立ち止まる余裕を与えてくれません。「人間に及ぼしうる負の影響を顧慮することなく、利得を期待して、テクノロジーにおけるあらゆる前進を受け入れ」(LS.109)、「適切な生産量、富のよりよい分配、環境と将来世代の権利への責任ある配慮を気にかけていないかのような実践」を推し進めていきます。

日本の科学技術の基本方針によれば、政府はこれまで見てきたような社会の変革を、狩猟社会（Society 1.0)、農耕社会（Society 2.0)、工業社会（Society 3.0)、情報社会（Society 4.0）と区別しています。そして、現在の高度情報化社会に続く「我が国が目指すべき未来社会の姿・デジタル化が進んだ社会像」を「Society 5.0」と呼び、「サイバー空間（仮想空間）とフィジカル空間（現実空間）を高度に融合させたシステムにより、経済発展と社会的課題解決を同時に達成する、人間中心の社会（Society)」と説明しています。（内閣府「第５期科学技術基本計画」より）

ナノテクノロジー、バイオテクノロジーのほか、SNS（Social Networking Service）の発達やIoT（Internet of Things ネットにつながるモノ)、AI 人工知能、ロボット工学も進展しました。

> テクノサイエンスは、よい方向に向けられれば、生活家電から大規模輸送システムや橋梁、建築物や公共空間まで、生活の質を向上させる重要な手段を生み出すことができます。それはまた、芸術作品を生み、物質世界に埋没した人々を美の世界へと「跳躍」させてくれます。航空機や超高層ビルの美しさを、だれが否定しうるでしょうか。美術や音楽の優れた作品は、今では新しいテクノロジーを利用しています。そこでは、美の作り手の欲求も、その美の観照も、人間に固有のある種の十全に至るような跳躍となるのです。(LS.103)

いつか、人気アニメ「ドラえもん」が描いたような、今はあり得ない世界が日常になる時代が来るのかもしれません。

教皇は、回勅のなかで、ヨハネ・パウロ二世が、「他の領域に与える影響や未来の世代の安全に十分な注意を払うことなしには、どんな生態系の領域にも介入すべきではない」と指摘しながらも、科学的また科学技術的な進歩の恩恵を「神の創造のわざに責任をもって参与するという、人間の高貴な使命」の証左であると強調し、教会が、「たとえば遺伝学のような他の学問分野によって補完された分子生物学の研究と応用、そして農業や工業におけるその技術的応用から」もたらされる便益に価値を見いだしていることを明らかにしています。

同時に、科学技術による人的介入の悪影響を無視した「無差別な遺伝子操作」へと導かれてはならないことも指摘しています。(LS.131参照)

さらに、「問題の根本は、もっと深いところ、すなわち、テクノロジーとその発展のあり方を思い描く際に人類が踏襲してきた、未分化で一次元的なパラダイム」(LS.106) にあると指摘して、「技術主義パラダイム」のことを批判しています。

「技術主義パラダイム」は、「市場は、それ単独では、全人的発展と社会的包摂を保証できず」、「貧しい人々が生きるのに最低限必要な資源を定常的に入手できるようにする経済制度や先導的な社会的取り組みの開発がひどく遅れているのに、わたしたちは「浪費的で消費主義的な『過剰な発展』を享受」(LS.109) している」と、教皇は厳しく指摘します。

そのうえで、「技術主義パラダイムの急襲に対してともに抗わせてくれる、明確なものの見方、考え方、方針、教育プログラム、ライフスタイル、そして霊性が必要」(LS.111) であると述べています。

コラム〈4〉倫理的行為としての買い物──「エシカル消費」

エコ実践の大原則は、省ゴミとそのための消費の抑制です。しかし、消費する者としての私たちは、日々、何らかの購買行動をしています。教皇フランシスコは、物を買うことは道徳的な行為だと述べています。

> ライフスタイルの変化は、政治的、経済的、社会的権力を振るう人々に働きかける健全な圧力をもたらしました。それは、消費者運動が、特定製品の購買や使用の拒否によって実現していることです。そうした運動は、企業に、自社製品の環境負荷と生産方法について熟考させ、営業のあり方を変えさせることに成功しています。社会的圧力が収益に影響を与えるなら、企業はこれまでとは異なる生産方法を当然見いださねばなりません。このことは、消費者としての社会的責任の自覚が強く求められていることを示しています。「物を買うということは、つねに道徳的な行為であって単なる経済的行為ではない」のです。つまり今日では、「環境悪化の問題から、わたしたちのライフスタイルの見直しが迫られている」のです。(LS.206)

大量生産・大量消費・大量廃棄の構造を助長するか構造転換を促すか、代金を支払う消費者として私たちは企業行動に影響を与える力を持っています。

「エシカル消費」、すなわち倫理的・道徳的消費とは、地域の活性化や雇用などを含む、人・社会・地域・環境に配慮した消費行動のことです。私たち一人ひとりが、社会的な課題に気付き、日々の買物を通して、その課題の解決のために、自分は何ができるのかを考えてみること、これが、エシカル消費の第一歩です。(消費者庁公式サイト参考)

エシカル消費における人への配慮としては、たとえば、製品の製造のプロセスで児童労働が行われていないかどうかなど。地域への配慮としては、製品の原料となる農産品の生産において環境破壊をしていないかどうかなどの視点があります。

製品の原料の調達から加工・製造・流通・販売・廃棄にいたるまでの全プロセスのあらゆることに配慮しつつ、エシカルなものを選ぶことは、消費者の一つの意思表示となります。地産地消のものや被災地で作られたものを購入することで被災地を応援する、伝統工芸品を購入する、エコ商品を選ぶ、買い物のときにレジ袋の代わりにマイバッグを使う、資源保護の認証がある商品やCO2（二酸化炭素）削減の工夫をしている商品を購入する、マイボトルを利用する、食品ロスを減らすものなど商品選びに意思を表し、よりよいかかわりを促しましょう。

情報源：一般社団法人日本エシカル推進協議会
　　　　https://www.jeijc.org

エコ実践④……………………………………**身近な人々に学ぶ**

茅ヶ崎市「生き物ブランド米」20年の歩み

「生き物ブランド米」とは、「生き物マーク米・bird friendly rice」とも呼ばれる「生物多様性保全に配慮した米」（農林水産省による定義）のことで、アメリカではじまった生物多様性を守るための取り組みの一つです。

日本では、トキを守るためにトキが生息する田んぼでの米作りを大切に継承する「トキ米」や、同様の兵庫県の「コウノトリ米」などがよく知られていますが、実はこれらよりも早くはじまった「湘南タゲリ米」があります。これは、専門家でもないたった６名が、土日、平日の夜間など余暇を利用して2000年に活動を開始した草の根市民団体「三翠会」の活動による「生き物ブランド米」の活動です。「三翠会」は、生き物と共生できる水田環境のために神奈川県茅ヶ崎市で活動するグループで、地域の20戸あまりの協力農家や多くのボランティアの人々、ブランド米を食べてくれる会員の人々とともに地元に根ざして地道な活動を続けています。神奈川県の絶滅危惧種に指定されていたタゲリを保護し、環境省から表彰されたり、「国連生物多様性の10年」日本委員会より、認定連携事業として登録されるなど、その取り組みが高く評価されています。

地域に根ざしたブランド米

活動のきっかけは、三翠会の代表の樋口さんが趣味のバードウォッチングで毎年鑑賞していた「タゲリ」という渡り鳥が、年々減少してきたことに気がついたことでした。その理由を調べていったところ、タゲリが好む平野部に開けた湿田が、年々開発によって減少したり、農家が米作りを継続できなくなったりすることが原因だとわかりました。

そこで、タゲリを守るために農家の米作りを支え、お米市場を活性化することが必要であると考えた樋口さんがはじめたのが「生き物ブランド米」の方法でした。

三翠会が協力農家を募り、タゲリが飛来する田んぼの米を農協よりも高く買い上げ、「湘南タゲリ米」として付加価値を付けて三翠会の会員に販売します。このプロセスで、三翠会はボランティアを募り、共同作業が必要な農家を支援しつつ、顧客に対しては「タゲリ」の鑑賞会に招待するなど、それぞれの立場の人々にとってタゲリ米にかかわる誇りと意味を意識化する工夫もしています。

さらに、お米の消費量を拡大させるべく、地元の造り酒屋の協力を得て「タゲリ焼酎」をつくって販売したり、地元の居酒屋のメニューに加えてもらったり、米粉のスイーツのレシピ開発をしたりするなど、さまざまなパイロットプロジェクトもはじめました。

また、田植え体験などで近隣の小学生たちに環境教育の機会を提供したり、地域の秋祭りにタゲリ米を奉納したりするなど、多様な取り組みを展開しています。

これらの諸活動によって、タゲリの飛来数が増えただけでなく、タゲリ米を中心にした一連の取り組みによって、米作りという大変な仕事が地球環境保護への貢献という誇りに変わったといいます。地域の人々の間にコミュニケーションが増え、タゲリが飛来する地域へのアイデンティティが高まるなど、持続可能な地域づくりにとって不可欠な人々の絆が育まれています。

情報源：代表者・樋口公平氏へのインタビューおよび「三翠会」
https://www.tagerimai.com

【第４章の注※について】

※１（P63）　環境省公式サイト「保健・化学物質対策」 https://www.env.go.jp/chemi/
※２（P63）　環境省「化学物質の内分泌かく乱作用による今後の対応－EXTEND2016」（平成28年６月発行）および　環境省公式サイト「保健・化学物質対策」 環境ホルモン学会会長森田昌敏「環境ホルモンの諸問題」 2006年８月３日掲載 https://www.env.go.jp/chemi/end/endocrine/5column/c-8.html
※３（P68）　「ファッション業界気候行動憲章」2050年までに正味でゼロ・エミッションを達成するという業界のビジョンを盛り込むとともに、生産段階の脱炭素化から、気候に優しく持続可能な素材の選択、低炭素の輸送、消費者との対話と意識の向上に至るまで、拡大可能な解決策の促進に向けて金融関係者や政策立案者と連携し、循環型ビジネスモデルを模索することで、署名団体が取り組むべき課題を定めたもの。
国連 https://www.unic.or.jp/files/3ff45a02e1400544c108bf9643e45663-2.pdf より
※４（P68）　https://www.env.go.jp/policy/sustainable_fashion/index.html

【第４章の参考文献】

＊教皇フランシスコ 『使徒的勧告　愛するアマゾン』 カトリック中央協議会　2021
＊リチャード・ウィルキンソン 『格差社会の衝撃』 書籍工房早山　2009
＊シーア・コルボーンほか 『奪われし未来』（増補改訂版） 翔泳社　2001
＊岡本三夫、横山正樹編 『新・平和学の現在』 法律文化社　2009
＊環境省 『環境白書・循環型社会白書・生物多様性白書』（「環境省」公式サイト）
https://www.env.go.jp/policy/hakusyo/
＊「科学技術・学術に関する基本的政策」（「文部科学省」公式サイト「科学技術・学術カテゴリー」） https://www.mext.go.jp/a_menu/kagaku/kihon/main5_a4.htm
＊「Society 0.5」について（「内閣府」公式サイトより「第５期科学技術基本計画」／「第６期科学技術・イノベーション基本計画」（令和３年３月26日閣議決定））
https://www8.cao.go.jp/cstp/kihonkeikaku/index6.html
＊「環境ホルモン」（「環境省」公式サイト　政策分野―「保健・化学物質対策」）
https://www.env.go.jp/chemi/end/endocrine/5column/c-8.html
＊Navdanya international 公式サイト　https://navdanyainternational.org
＊『ヴァンダナ・シヴァのいのちの種を抱きしめて with 辻信一』（ナマケモノ DVD ブック） 素敬 SOKEI パブリッシング　2014
＊ヴァンダナ・シヴァ 『食とたねの未来をつむぐ―わたしたちのマニフェスト』 大月書店　2010

第５章
人間のふるまいと地球の掟

1. 地球の掟としての「循環」と「自浄作用」

地球上の自然は人間が存在しなくても存続しますが、人間は自然の恵みなくしては１日たりとも生きることができません。

> わたしたちの身体そのものが地球の諸元素からできています。わたしたちは地球の大気を呼吸し、地球の水によって生かされ元気をもらっているのです。(LS.2)

人体の70%は水分で、赤ちゃんは母胎の羊水のなかで育ちます。赤ちゃん誕生後の初仕事は「呼吸」—息を吸うことです。私たち人間の生命を維持するうえで、まず必要不可欠な基本的な要素は新鮮な空気、安全な飲み水、海や大地がもたらしてくれる食糧の３つです。人間は自然の一部として生かされています。自然と人間とのかかわりのなかで、人間は自然の恵みに生かされるだけではなく、“被造界とそこに備わる掟”を守る責務があります。

> わたしたちは、その比類なき尊厳と知性のたまものゆえに、被造界とそこに備わるおきてを尊重するよう促されます。(LS.69)

そもそも、地球上にあって、私たちが通常「自然」と呼んでいる大気や水や土壌や動植物などの生き物はどのようにかかわりあっているのでしょうか。

私たちは、問題を見ることにあまりにも慣れていて、地球環境保全を考えるときですら、地球本来の姿や自然そのものの価値を見ることを忘れがちです。しかし、そもそも問題のない本来の自然環境の原理・原則についての理解なしに、狭い意味で自然を保護して環境を「改善」したり、「修復」や「回復」するというのは困難です。

地球には、人間が決して造ることができない仕組みがあります。地球環境や自然というのは実に神秘的で、たとえ科学者であったとしてもこの地球のことはほとんど知らないに等しいのかもしれません。46億年の地球の歴史を俯瞰(ふかん)すれば、400〜700万年くらい前に地球に誕生した人類はこの惑星では新参者ですから、問題のない地球の状態を知ろうとすることの方が無謀なことなのかもしれません。

それでも、少なくとも、時代ごとに明らかにされる科学的知見をもとに現代の私たちが理解しうる地球の掟や、掟を守るために求められる自然とのかかわりにおけるルールを意識することは不可欠なことだと思われます。

「エコシステム」という語は、生態学では「**生態系**」といいます。ここでいう生態系とは、ある一定の地域において自然を構成している生物間同士の関係や、それを囲む無機的環境全体との関係を指しています。

地球には重力があるため、地球上の物質が地球から出ていくことはありません。人工衛星が宇宙へ飛び出して戻ってこない場合や、突然隕石が空から落ちてくるような場合を除いて、物質に限って言えば“地球は閉じた系”であると表現されています。ここでいう「系」とは、「システム System」の日本語訳です。相互作用や相互連関など、一定のまとまりのある関係にあることを表す言葉で、「生態系」とか「神経系」とか「閉鎖系・開放系」などの言い方をします。「閉じた系」とは、外の世界との間に物質の移動がないことをあらわしています。

一方、熱については“地球は開いた系”であると理解されています。地球の海や陸地が太陽からの熱を吸収し、地球上のさまざまな活動で生じた余った熱は、水が吸収し水蒸気となって上昇し、宇宙空間へ熱だけを放出し、水そのものは冷たくなって雨として戻ってきます。このように地球に大量の水があり、その水が循環する過程で熱を放出する機能が備わっていることが、地球に生命が存在する基本条件を作り出しています。

地球には、**水循環**、**大気の循環**、**生物循環**があり、二酸化炭素や窒素、燐（リン）などの汚染物質は循環しています。循環とは、全体としてひとつにまとまる環のなかで、はじまりと終わりを繰り返し、**“他から活かされつつ他を生かすつながり”**のことです。これらの循環は相互に関係し合いながら、一つの循環系が他の循環系のなかに含まれているというように、地球環境、地域環境、都市環境、人間の体内環境、細胞というような何重もの「入れ子構造」を形成しています。

科学者らによれば、このような循環の入れ子構造によって汚染物質は浄化されているのですが、これが、海や河川や湖、森林や土壌などが持っている「自浄作用」です。こうして汚染物質は浄化され、資源の浪費が防止されている物質が、植物を中心とした「バイオマス」です。

「バイオマス」はもともと「生物（bio）」の「量（mass）」で、一般的には再生可能な、生物由来の有機性エネルギーや資源（化石燃料は除く）をいいます。基本的には草食動物の排泄物を含め１年から数十年で再生産できる植物体を起源とするものを指します。エネルギーになるバイオマスの種類としては、木材、海草、生ゴミ、紙、動物の死骸・糞尿、プランクトンなどの有機物があります。

ですから、**「循環によって浄化できる物質については、その系（たとえば地球、地域、人体など）が持つ自浄作用を越えて発生させてはならない」という原則**を守る必要があります。

一方、石油加工物資源は、使用すればいずれ使えない状態になっていきます。さらに、放射能や有機塩素化合物（ダイオキシン、PCB、フロンガス）などは「循環によって浄化できない汚れ」であり、これらの物質は原則として「作り出してはいけない」ものであるとされています。このように、地球の一定の働きを知ることで、何が良くて何が良くないかが自ずと整理されてきます。

環境省『環境・循環型社会・生物多様性白書』では、一般的に環境問題をその性質の違いから「破壊」や「汚染」についての問題を**「環境問題」**（「環境汚染・破壊」の問題）とし、それに対して水や土地、森林、埋蔵鉱物資源などの“自然資源の枯渇”や、枯渇性・汚染性のある石油・石炭などの化石燃料、ウラン核燃料などの“エネルギー資源”の問題を合わせて**「資源問題」**（「自然資源枯渇」の問題）に二大別しています。

また、具体的な現象面でいう「環境問題」として、環境省は

「気候変動、海洋プラスチックごみ汚染をはじめとした資源の不適正な管理、生物多様性の損失」を今日の世界的な環境問題として挙げています。この地球から取り出すことのできる資源やエネルギーは有限であること、農作物や海産物など「本性的な再生能力を超えない範囲で」利用しなければならないこと、人間が廃棄したものを浄化する能力にも限りがあることをふまえれば、環境問題の主要な原因「**大量生産・大量消費・大量廃棄」の一連の構造**は、自然本来の浄化と再生の能力を超えるものであると言えます。これが自然とのかかわりにおいて、開発や生産活動が「過剰」であるか否かの判断基準になると思われます。

2. 地球の掟としてのいのちのつながりと「生物多様性」

> 地球上の３千万種とも推定される多様な生命は、誕生から約40億年の歴史を経て、さまざまな環境に適応して進化してきたものです。それらは、地球生態系という一つの環のなかで、つながりとその相互作用のなかで生きており、多様な生態系のさまざまな働きを通じて、人間も含めたすべての生命が存立する基盤が整えられているのです。※1

生物多様性とは、生きものの豊かな固有性と相互依存的なつながりをあらわし、**生態系・種・遺伝子の３つのレベル**を含む語です。生態系の多様性というのは、山林や里地里山、河川、湿原、干潟、サンゴ礁や砂漠などさまざまな自然の形の豊富さのことです。種の多様性とは、動植物から細菌などの微生物にいたるまで、多種多様な“生きもののにぎわい”を示します。

遺伝子の多様性は、同じ種であっても異なる遺伝子を持つことにより、形や模様、生態などに多様な個性があることです。生物多様性の豊かさを守るためには、これら３つの次元の多様性が必要です。

> ……中略……生物多様性の保全と持続可能な利用に関する、こうした重要性を踏まえ、自然の理（ことわり）に沿った自然と人とのバランスのとれた健全な関わりを社会の隅々に広げ、将来にわたり自然の恵みを得られるよう、自然のしくみを基礎とする真に豊かな社会をつくることが必要です。※2

「生物多様性」が減少する主な原因は、プラゴミなどによる海洋汚染、魚類の乱獲など資源の過剰利用、化学物質の排出による環境汚染、森林の過剰伐採や開発、過剰な農薬や化学肥料を使用する農業による陸域の汚染と土壌劣化、気候変動による生き物の生息環境の変化や、外来生物による生態系攪乱（かくらん）、バイオテクノロジー、遺伝子操作による遺伝子の画一化などであるといわれています。

また、土地の改変（ダム開発、埋め立て、農地開拓など）による自然枯渇の影響も多大で、国連の「IPBES 生物多様性と生態系サービスに関するグローバル評価報告書」（2019）によれば、陸地の75％が人間活動で大幅改変され、現在地球上の約100万種の動植物が絶滅の危機に瀕しています。

1900年以降在来種が20％以上絶滅し、現在、40％以上の両生類、約33％のサンゴや海洋哺乳類、動植物群全体の25％が絶滅の危機に瀕していると報告されています。この絶滅のスピードは過去一千万年間の平均に比べ10～100倍以上で、さらに加速すると予想されています。

一方、人間の活動の影響が環境問題の原因ではあるものの、人間が自然にかかわることをやめれば生物多様性が豊かに回復するとは必ずしも言えません。人間の手入れ不足による森林や里地里山の荒廃なども生物多様性が減少する一因になっています。

ゆえに、環境汚染や乱開発、大量消費を抑制するだけでなく、人間も自然とふさわしくかかわることが求められています。適正なバランスで自然とかかわる知恵は、しばしば伝統的な人間の暮らしの営みのなかに紡がれてきた文化に受継がれています。

この意味で伝統的な文化を守ることは自然を守ることにつながっています。しばしば、地域の工業化による地場産業の衰退が生態系全体の劣化を招くのは、工業化による影響が直接的な影響を及ぼすというだけでなく、地域に根ざした人々の暮らし方が変化し、全体の循環にとって必要な物事のつながり―人と人とのつながりも含めて―が切れ切れになっていくからなのでしょう。

たとえば、日本の水田は、人の暮らしの営みと、生物多様性がいかに密接につながっているかをよく示しています。とりわけ、農薬や化学肥料の過剰使用を抑えた米作りは、人が耕し水をはって稲作をつづけることで、人間に食糧を供給し、地域文化を伝承し、生物多様性の宝庫となります。稲作は協働作業を必要としますから、人々の協働関係も維持されます。

しばしば大規模農業が自然環境に良くないと指摘されるのは、人間にとっての生産性を優先することで、過剰な農薬や化学肥料の使用を促し、地域の人々のつながりを含めた水田に連なる多様ないのちの相互依存関係が切れてしまうからです。

また、水田は、地球温暖化抑制（CO2吸収）、洪水の抑制（防災）、ヒートアイランド化の抑止などの多面的な機能も持っています。また、環境教育の機会を提供したり、景観、季節感、憩いと癒やしなどをもたらしたりすることで人々の心身の涵養に大きな貢献をしてくれています。

さらに、比較的小規模な稲作は、共同の農作業を必要とすることで、人と人とのつながりをもたらし、コミュニティの社会関係資本（人々の信頼関係・絆）を豊かに育む可能性を有しています。

環境省は、環境教育の方針について次のように述べています。

> 私たち人間は、一つの生物種として、この地球上の他の生物と同様に、地球全体の環境の一部を形成しています。つまり、人間と他の生物は運命共同体とも言える関係をなしており、お互いに尊い「いのち」を持つ存在として、尊重し合うべきものです。私たちが生態系のなかで生きていることを理解することは、生物の、そして人間のいのちを尊ぶ心を育むことにもつながります。私たちは、化石燃料をはじめとした、地球上の様々なものや資源を利用して、地球環境に負荷をかけながら生きています。そして、世界中の経済が相互に密接な関係を有している現在、私たちの行動が地球環境に影響を与え、また、地球環境の悪化も私たちの生活に影響を与えており、日本にいながら、世界の様々な場所で発生している環境問題とは無縁ではいられなくなっています。このため、私たちは「地球市民」として環境問題に取り組むことが求められています。※3

3. 自然とかかわる心得としての「環境倫理」とエコロジー

『回勅ラウダート・シ』では、環境問題が人間主体の問題であるからこそ、「適切な人間論なしのエコロジーなどありえません」(LS.118) と断言し、人間の本来の姿を思い起こしています。そこで、本来インテグラルな人間観・世界観、私たちが目指すべき“適切な人間論”としてのエコロジー概念「総合的な（インテグラル）エコロジー」が提示されています（回勅第４章、本書第１章参照）。

すなわち、「インテグラル・エコロジー」とは人格的存在としての人間が有する４つの基本関係「神とのかかわり」「人々とのかかわり」「自然とのかかわり」「自己とのかかわり」のいずれをも欠けることなくまるごと大切にしつつ、同時に、この世界のすべての人々が一人残らずその人間の尊厳を大切にされるようなあり方を示しています。そして、このような全人的な人間理解、「かかわりの存在」としての本来の人間観に基礎を置く社会の発展概念を、カトリック教会は「全人的発展（インテグラル・ディベロップメント）」と表現してきました。

環境問題のコンテクストでは、人間存在が有する４つの基本関係における「自然とのかかわり」に注目することは不可欠です。このかかわりの調和に多くの豊かな示唆を与えてくれるのが「環境倫理」です。

「**環境倫理**」とは、人と自然との関係性についての道徳的な価値規範のことで、「地球規模での環境破壊が問題になりはじめた1970年代、アメリカを中心にエコロジー運動の哲学的・倫理学的基礎の解明を目指して生まれた思想」をいいます。※4

倫理学にあえて「環境」が付いている「環境倫理」という語に馴染みが少ない方も多いと思いますが、環境問題への取り組みや自然保護活動などの意識啓発において、環境倫理を考えることは必須要件です。それは、一般的に「倫理学」では対人関係や社会関係のことを問うことはあっても、環境問題の基底にある自然（生物、生態系、土地、地球）との関係を問うことはほとんどないからです。

環境教育は、世界中の多様な地域にそれぞれ固有の歴史がありますが、公式の国際会議の場で環境教育の重要性が確認されたのは1972年の「国連人間環境会議」（通称「ストックホルム会議」）のことでした。この後、1975年、環境教育をテーマとする初めての国際会議「環境教育国際ワークショップ」（通称「ベオグラード会議」）が開催されました。

この会議の成果文書として「ベオグラード憲章」という文書が出され、その文書には、環境行動（Environmental Action）の目的は「人と自然、人と人との関係を含めた、すべての生態学的関係の改善」であると明記されています。

関係性の改善には、言うまでもなく拠って立つ価値基準が必要です。それは、自然とかかわる上での然るべきふるまいを決定づける倫理規範、原理原則です。これらがないと、その時々の文脈で一貫性のないかかわりになってしまうからです。

自然との関係についての価値判断を扱うときでも、対人関係や社会関係を包括的な生命関係のなかに位置づけることなく、狭い意味での人間本位の見方が一般的であることや、本来なら「生命」の問題であるはずの「環境」の問題が、現今の「生命倫理（学）」では直接扱い切れないことなど、これまでの「倫理学」の問いの射程には含まれていなかった「何？」と「なぜ？」が問わ

れるのが、環境問題における人と自然とのかかわりです。[※5]

そこで、「環境倫理」が視野に入ってくるのです。加藤尚武によれば、環境倫理学の基本的な主張を三つの原則で示すことができます。一つ目は、「世界の有限性」、二つ目は「世代間倫理」、三つ目は「生物種の生存権」です。

「世界の有限性」とは、地球の資源には限りがあり、決定の基本単位は、個人ではなくて地球生態系そのものであるとする考え方です。

「世代間倫理」とは、現世代は未来世代の生存と幸福に対する責任があるとする考え方です。

「生物種の生存権」とは、人間以外にも生存権があり、それを否定してはならず、単に人格のみならず、自然物もまた最適の生存への権利をもつとする考え方です。

世界の有限性という前提から、枯渇型資源依存と廃棄物の累積を回避しなくてはならないという義務が生まれてきます。世界の有限性という前提のなかで、世代間倫理を主張するがゆえに、持続可能性の確保が義務づけられます。

生物種の保存を、人類の存続可能性のなかでとらえれば、生物多様性の保存という義務が生まれてきます。[※6]

また、そもそも倫理学の任務が、人間的に自然な「よき想い」の源泉に立ち返る道を開き示す「公正（あるいは正義）の実現」でもあることをふまえれば、先ほどの環境倫理３つの主張を次のように捉えなおすことができます。

すなわち、**「共時的な公正」**―同時代に生き、運命をともにしている人間たちの間での公正を実現すること。

「**通時的な公正**」—何世代も後の子孫たちの「生存条件」を損なわないような私たちの「生活の質」とはどのようなものかを模索させること。

「**生命間の公正**」—動物実験や、“密飼い”に顕れる「経済動物化」などの傾向にみえる生命観の欠如を踏まえた「権利」の適用範囲、人道的な配慮の見直しをすることです。※7

4. 環境思想とエコロジー

人間（文明）と自然との関係をどのようにとらえていくか、という人間の自然に対する哲学的・倫理的な立場から出てきた考え方を「**環境思想**」といいます。たとえば、1960年代に『沈黙の春』を著したレイチェル・カーソンも一つの立場を示しているとみなされることがあります。環境学者の松野氏によれば、1970年代、地球規模の環境問題の顕在化、深刻化、環境運動の変化に対応して、環境思想の理念や内容、役割も徐々に変化しています。今日の環境思想では、人間の内面的な価値転換のための〈観念的思想〉（哲学・倫理）だけでなく、環境問題を社会経済システムそのものが内包する開発と環境をめぐる政策矛盾の問題としてとらえています。さらに、産業社会から環境社会への構造転換に向けて、私たちの価値変革や行動変革を社会制度変革へと転換させていくという、実践的かつ政策科学的な視点から解決していくことが要請されるようになっています。※8

「エコロジー（生態学）」は、それ自体の成果だけでなく、他の関連科学を総合し統合的に活かすための発想をも与えてくれる点

で重要です。※9

学問としての「エコロジー（生態学）」は生物とそれを取り巻く環境の相互関係、生態系の構造と機能を明らかにする研究領域で、ドイツの生物学者エルンスト・ヘッケル（Ernst Heinrich Haeckel,1834-1919）が最初に用いたと伝えられています。また、ヒトの生態としてのエコロジーを「ヒューマン・エコロジー」（人間生態学）といいます。

一方、思想的立場としての「エコロジー」は、人間や文化、社会、経済など人間が生きる世界のさまざまな「つながり」を生態学的にとらえるスタンスを示しています。人間を生態系の構成要素としてとらえ、社会生態学的、人間生態学的なものの見方で、人間と自然環境・物質循環・社会状況などとの相互関係を考える立場です。よく知られているものとして、アルネ・ネスの「ディープ・エコロジー」８綱領や、マレー・ブクチンの「ソーシャル・エコロジー」などがあります。

仏の作家でフェミニストのフランソワーズ・デュボンヌは、1974年初めて「エコロジカル・フェミニズム」（エコフェミニズム）という語を使ったとされています。後に多様で複雑な理論的展開がみられますが、一般的には、自然搾取と女性抑圧の問題を同時に視野に入れる見方をいいます。人間によって支配・搾取される自然という「人間－自然関係」と、家父長制的でヒエラルキー的な社会における男尊女卑や女性差別という「男－女関係」は、男性原理による二元論的支配という点で構造的に同型であるとする思想です。

また、1892年学際的な生活科学の必要性を主張し、それを「エコロジー」と名づけた**エレン・スワロー**や、1962年『沈黙の春』

を著して農薬の危険性について世界に警鐘を鳴らした**レイチェル・カーソン**ら二人の女性科学者によるエコロジーの新展開をエコフェミニズムの先駆けと見なすこともあります。

レイチェル・カーソンの影響を受けて『大地は死んだ　ヒロシマ・ナガサキからチェルノブイリまで』（1991年、藤原書店）を著し、反原発運動や環境ホルモンの問題に取り組んだ女性の科学者**綿貫礼子**は日本のエコフェミニストとみなされました。

一方、地球を生きものとして理解し、自然と人間の相関的で内在的なつながりを重視する立場や、「母なる大地」という表現に象徴されるように女性の身体性と自然の概念的なつながりや女性原理、古代からの女性の宗教性、霊性を賛美する立場をさす場合もあります。キリスト教とのかかわりでは、神の像理解において、しばしば男性中心的で家父長的であると指摘される側面を批判的に考察したフェミニスト神学者のローズメアリ・ラドフォード・リューサーの著書『性差別と神の語りかけ』（新教出版社、1996年）はエコフェミニズムの代表的文献であると言われています。

さらに、エコフェミニズムの実践的な展開としては、支配・被支配関係からいのちの交わり、いのちの循環の復興をめざした女性による大衆的なエコロジー運動が特徴的です。たとえば、1970年代、インドの農村女性たちが木に抱きついて森林伐採から樹々を守った「チプコ運動」や、植林活動によって環境保護と女性の社会的地位向上を同時に促進したケニアの故**ワンガリ・マータイ**による「グリーンベルト運動」、遺伝子組み換え農業に抗い有機農業を広めながら農家に伝わる穀物の種子を集めて生物多様性を守るインドの**ヴァンダナ・シヴァ**の「ナヴダーニャ運動」などがよく知られています。

これら第三世界の女性らによる環境保護活動やその思想もエコフェミニズムとして理解されることが多く、世界中に多大なる影響を与え続けています。

そのほか、明治期に日本に初めて「エコロジー」という語を伝えた**南方熊楠**のエコロジー思想（本章コラム参照）や、**ジェームズ・ナッシュ「9つのエコロジカルな徳」**（『Loving Nature』）、アメリカのエコロジストと称される**バリー・コモナー**（Barry Commoner）は、『The Closing Circle: Nature, Man & Techology』の中で**4つのエコロジーの根本法則**[※10]を挙げています。

環境教育の母と言われるアメリカの女性科学者エレン・スワローは、科学的思考と方法を生活と環境の諸問題の解決に適用して「エコロジー」の命名式を行ったことで知られています。

第1章でもふれたように、回勅『ラウダート・シ』の中心概念である「総合的な（インテグラル）エコロジー」は本来のインテグラルな人間観・世界観に根ざしたエコロジー概念です。「総合的な（インテグラル）エコロジー」は、回勅のキーワードでもあり、文書全体を通じて各章でさまざまな角度から説かれています。

> あらゆるものは密接に関係し合っており、今日の諸問題は、地球規模の危機のあらゆる側面を考慮することのできる展望を求めています。それゆえここで、こうした危機の人間的側面と社会的側面を明確に取り上げる総合的なエコロジーの、さまざまな要素を考察していきましょう。(LS.137)

教皇は、このように述べ、「環境的、経済的、社会的なエコロジー」、「文化的なエコロジー」、「ヒューマン・エコロジー」としての「日常生活のエコロジー」について語っています。

まず、「環境的なエコロジー」（Environmental Ecology）について次のように述べます。

> エコロジーとは、生命体とその生育環境とのかかわりの研究です。こうした研究は、社会の存在と存続に必要な諸条件に関する考察と討議、そして開発と生産と消費の特定のモデルの問い直しに必要な正直さを必然的に伴うものです。すべてがつながっているといくら主張しても主張しすぎることはありません。(LS.138)

> 「環境」について話すときにわたしたちが本当にいおうとしているのは、自然と、その中で営まれている社会とのかかわりのことです。自然を、わたしたち自身とは関係のない何か、あるいは、わたしたちの生活の単なる背景とみなすことはできません。わたしたちは自然の一部で、その中に包摂されており、それゆえ、自然との絶えざる相互作用の中にあります。(LS.139)

このように、自然と社会の絶えざる相互作用をふまえて、「ある領域の汚染原因を突き止めるには、社会の仕組み、その経済のあり方、行動パターン、現実把握の方法についての研究が必要」(LS.139) であると述べています。

> わたしたちは、環境危機と社会危機という別個の二つの危機にではなく、むしろ、社会的でも環境的でもある一つの複雑な危機に直面しているのです。解決への戦略は、貧困との闘いと排除されている人々の尊厳の回復、そして同時に自然保護を、一つに統合

したアプローチを必要としています。(LS.139)

また、「経済学を含むさまざまな学問分野を結集させることのできる、より全人的で統合的な展望に資するヒューマニズムを、わたしたちは緊急に必要」(LS.141)としていることをふまえ、「経済的なエコロジー」(Economic Ecology)について次のように述べています。

現代の環境問題の分析は、人間や家族、労働や都市生活といった背景の分析からも、また、他者へのかかわり方や環境へのかかわり方にいずれ影響を及ぼす自分自身とのかかわり方からも、切り離すことはできません。種々の生態系の間には、またさまざまな社会集団の間には、一つの相互作用があり、それもまた「全体は部分に勝る」ことの証左です。(LS.141)

また、「あらゆるものが関係しているのなら、社会制度の健全さは、生活の質と環境とに影響を及ぼす」がゆえに、「社会的なエコロジーは必然的に制度を扱うものとなり、第一次集団すなわち家族から始まって、より広く、地域的、国家的、国際的な共同体へと、徐々に社会全体に広がって」(LS.142)いくと「社会的なエコロジー」についても言及しています。

一方、人間がもつ消費主義的な考え方が、今日の地球規模化した経済機構によって助長され、諸文化の均一化をもたらすことで、自然という遺産と同様、全人類の相続財産である歴史的、芸術的、文化的な遺産も脅威に曝されていると指摘しています。

> 文化は、過去からの継承以上のものです。それは、何にも増して、生き生きとした、動的な、参加型の今ここにある現実であって、人間と環境とのかかわりの再考にとって外すことのできないものでもあるのです。(LS.143)

「生活の質は、人間集団それぞれに固有の象徴と習俗の世界の内部から理解されねばならないもの」(LS.144) であり、地域固有のアイデンティティを維持する必要性や、そのために人間と環境とのかかわりの再考にとって外すことのできない地域文化に対してより大きな関心を払うことが必要だと「文化的なエコロジー」についても述べています。

また、「真正な発展は、生活の質の全人的改善をもたらす取り組みを含んでおり、人々の生活条件を考慮することなしには不可能」(LS.147) と、最後に、「日常生活のエコロジー」についても語っています。さらに、かつて聖ヨハネ・パウロ二世が語った「ヒューマン・エコロジー」やベネディクト十六世が語った「人間のエコロジー」を引用して次のように述べています。

> ヒューマン・エコロジーは、もう一つの深遠な現実をも含意しています。すなわち、人間の自然本性に刻まれていて、より尊厳ある環境の創造のために欠かすことのできない道徳法と、人間の生とのかかわりです。(LS.155)

このように教皇は、「文化的なエコロジー」、「日常生活のエコロジー」、「人間のエコロジー」が、価値観、哲学、人間たることを問い、一人ひとりが人格として自己の責任を問うことをうながすエコロジー概念であることを伝えています。

そして、後述（第８章参照）するように、「総合的な（インテグラル）エコロジー」は、共通善と不可分であり（LS.156）、共通善からくる「連帯と、もっとも貧しい兄弟姉妹のための優先的選択」（LS.158）とともに、世代内および世代間の公平な連帯意識も要請されるものであると説かれています。

コラム⑤ エコロジー思想の先駆者・南方熊楠（みなかたくまぐす）

南方熊楠（1867年-1941年）は民間の博物学者であり、民俗学やその他さまざまな学問にも通じていました。和歌山県を中心とする近代日本の環境保護運動に重要な役割を果たし、日本における今日的エコロジー思想の先駆者と称されています。東京大学を中退してアメリカやイギリスで学んだ後、日本にはじめて「エコロギー」（エコロジーのこと）という語を伝えた人物としても知られています。

明治39年（1906年）頃から政府が神社合祀（神社の合併政策で、1村1社として行政区ごとにまとめて神社の数を減らそうとするもの）を進めたとき、熊楠は反対運動を起こしました。このプロセスで収監されたこともあったといわれています。反対運動で熊楠は、エコロギーという言葉を用いながら、庶民の生活に結びついた神社の合祀により、伝承されてきた民俗が絶え、また、神社林に保たれていた自然の生態系が破壊されると、論理的に主張を展開しました。このような運動を背景として守られた田辺湾に浮かぶ神島は、その島が紀伊半島南部の典型的な植生をよく留めた環境だと気づいた熊楠らの運動によって守られ、保全林となり、さらに国の天然記念物にも指定されています。

情報源：南方熊楠記念館公式サイト
http://www.minakatakumagusu-kinenkan.jp/
南方熊楠顕彰館公式サイト
https://www.minakata.org/

エコ実践❺……身近な人々に学ぶ

宮城県気仙沼市「NPO 森は海の恋人」35年の歩み

「NPO 法人森は海の恋人」は、「環境教育」「森づくり」「自然環境保全」の三分野を軸として活動する、宮城県気仙沼市の非営利活動法人団体です。「森は海の恋人運動」とは、NPO の代表者で宮城県気仙沼市の牡蠣（かき）養殖で生計を立てていた漁師の畠山重篤さんがはじめ、その後、小中学校の教科書にまで登場するようになった、漁師による広葉樹の森づくりの活動です。

「森は海の恋人」ニュースレター

気仙沼湾は三陸リアス式海岸の中央に位置する波静かな天恵の良湾で古くから近海、遠洋漁業の基地として有名でした。ところが、高度経済成長期の昭和40年～50年代にかけて気仙沼湾の環境が悪化してきました。赤潮が発生し、湾内はまるで醤油を流したような茶色の海となり、牡蠣が赤くなって売れなくなってしまいました。

そこで、畠山さんは原因を調べはじめました。牡蠣は、1日にドラム缶1本、約200リットルもの水を吸い込み、そのなかにいるプランクトンを食べて大きくなります。本来、牡蠣は、森の落ち葉がくさってできる腐葉土のなかに含まれる養分で育ったケイソウ類の植物プランクトンを好みますが、海が汚れると赤潮プランクトンが増えてしまいます。牡蠣が赤くなったのは、海の汚染で牡蠣が赤潮プランクトンを食べたことが原因だとわかったのです。

もともと、海を豊かにしていた山の木々は広葉樹などの雑木林です。その落ち葉が時間をかけて蓄えられてできた腐葉土から作られる「フルボ酸」が鉄と結合し、「フルボ酸鉄」と呼ばれる栄養素になって、川から海に流れ込むことで、生命の食物連鎖に必要な鉄分を含んだ植物性プランクトンが生育されます。その循環によって海の豊かさがもたらされます。

戦後の高度経済成長期、工場の建設や町の整備など都市開発がどんどん進行。農業のあり方も変化しました。森が荒れ、里地を流れる川にも工場排水や生活排水など汚れた排水が流れ込み、生物多様性の宝庫であるはずの田畑では、農薬や除草剤、化学肥料が大量に使われるようになりました。どじょうなどが姿を消し、植物プランクトンを育てる養分が海に注ぎ込むことができなくなって、日本中の沿岸部が赤潮で汚染されてきました。そこで、美しい海を取り戻すために、川の上流に広葉樹を植え、流域全体で環境を守る取り組みがはじまりました。平成元年の植樹祭からこれまでに約3万本の落葉広葉樹の植樹が行われ、環境教育として体験学習に招いた子供たちは、1万人を超えています。

情報源：「NPO 法人森は海の恋人」公式サイト　https://mori-umi.org
「舞根だより」（NPO 法人森は海の恋人ニュースレター）

【第５章の注※について】

※１（P86）平成24年９月発行「生物多様性国家戦略　2012-2020～豊かな自然共生社会の実現に向けたロードマップ～」p.1「前文」より引用

※２（P87）同上

※３（P89）「環境保全活動、環境保全の意欲の増進及び環境教育並びに協働取組の推進に関する基本的な方針」平成24年６月26日閣議決定　環境省総合環境政策局環境教育推進室

※４（P90）加藤尚武『環境倫理学のすすめ』丸善ライブラリー　1991

※５（P92）瀬本正之S.J.「２　環境倫理学とその周辺」『地球環境学Ⅱ』上智大学地球環境研究所　2012　p.16

※６（P92）加藤尚武『環境倫理学のすすめ増補新版』丸善出版　2020

※７（P93）瀬本正之S.J.「私なりの環境倫理、事始め」『ソフィア　173号』（上智大学1995.04.01発行）

※８（P93）松野弘『環境思想とは何か—環境主義からエコロジズムへ』ちくま新書2009

※９（P94）瀬本正之S.J.「２　環境倫理学とその周辺」『地球環境学Ⅱ』上智大学地球環境研究所　2012

※10（P96）Everything is connected to everything else. Everything must go somewhere. Nature knows best. There is no Such Thing as a Free Lunch.

【第５章の参考文献】

＊加藤尚武『新・環境倫理学のすすめ【増補新版】』丸善出版　2020
＊瀬本正之S.J.「２　環境倫理学とその周辺」『地球環境学Ⅱ』上智大学地球環境研究所2012
＊瀬本正之S.J.「私なりの環境倫理、事始め」『ソフィア　173号』（上智大学　1995.04.01発行）
＊松野弘『環境思想とは何か—環境主義からエコロジズムへ』ちくま新書　2009
＊WWFジャパン（世界自然保護基金）https://www.wwf.or.jp
＊公益財団法人南方熊楠記念館公式サイト　www.minakatakumagusu-kinenkan.jp
＊南方熊楠顕彰館公式サイト　https://www.minakata.org/facility/
＊レイチェル・カーソン『海辺　生命のふるさと』平凡社ライブラリー　2000
＊ジェニファー・コックラル＝キング『シティ・ファーマー：世界の都市で始まる食料自給革命』白水社　2014
＊佐藤慧著　安田菜津紀（写真）『しあわせの牛乳』ポプラ社　2018
＊ヴァンダナ・シヴァ　ジェーン・グドールほか出演　DVD『SEED～生命の糧～』ユナイテッドピープル　2020
＊ジャン＝ポール・ジョー監督　バルジャック村のみなさん出演　DVD『未来の食卓』2010

第6章
人間の問題としての環境問題とライフスタイル

1. 環境問題の本質としての「ゴミ」・「汚染」と「使い捨て文化」

教皇フランシスコは、着座して間もない2013年6月5日の世界環境デーの一般謁見の講話で、環境の劣化の広がりといのちの軽視の両方を助長する「使い捨て文化」とは、「他の人たちの必要に何の価値も見出さない文化」であって、失いつつあるのは神の創造に対する驚きや観想、耳を傾ける姿勢であると語っています。※1

一般的に環境問題についての解説では、気候変動の問題をトップに掲げるものを多く見かけます。それは、気候変動の影響が地球規模の問題であるというだけでなく、自然の減少や汚染・廃棄物などどんな環境問題によっても促されるもので、いわば地球環境問題の総称的な面があるからでしょう。

回勅では、第1章「ともに暮らす家に起きていること」(LS.17-61)で科学的根拠にもとづいて特徴的な環境問題を概観していますが、最初に、「1. 汚染と気候変動」という小見出しが付けられています。さらに、その小見出しに続いて「汚染、廃棄物、使い捨て文化」というトピックが示されています。気候変動の前に

「汚染、廃棄物、使い捨て文化」問題を語る点に、教皇のまなざしや主張がとてもよく伝わってきます。

> 人々が日常的に被っているさまざまな形態の汚染があります。大気汚染物質にさらされることによる健康被害は広範囲に、とくに貧しい人々に及び、おびただしい数の早逝をもたらす原因となっています。たとえば、料理や暖房に使う燃料からの高濃度の排煙を吸うと病気にかかります。また、輸送機関、工場の排煙、土壌や水の酸性化を助長する物質、肥料、殺虫剤、殺菌剤、除草剤、そして農薬一般によって引き起こされ、あらゆる人に影響を及ぼす汚染もあります。(LS.20)

このように、教皇は、おそらく国際会議の大きなテーマとして取り上げられることはまれであろう貧しい人々の日常の生活環境の問題―いまだに薪炭材などで炊事をしたり、暖を取ったりする粗末な住居環境の健康被害―に光を当てることからスタートしています。これに続いて、第21項では、家庭や職場のゴミ、建築廃材から医療廃棄物、電子機器廃棄物、工業廃棄物、産業廃棄物、危険廃棄物に至るまで、さまざまな廃棄物によって「わたしたちの家である地球は、ますます巨大なゴミ山の体」(LS.21) をなしていると指摘しています。

大気や水の循環のなかに人間は生かされています。ですから、「大気を汚染すること」、「水質を汚染すること」、「土壌を汚染すること」、つまり、自然や自然界を汚染するということは、私たち自身を傷つけることにもなります。環境問題の本質とは、「極めて良く」(創世記1・31) 創造されたこの“被造界・被造物を人間のふるまいによって汚す行為”にほかならないと言えるでしょう。

私たち人間が、地球上では新参者で、この世に登場したとき、地球には自然しかなかったことをふまえれば、少々極端な言い方ですが、私たちが廃棄するあらゆるものはもとは自然界からもたらされたものばかりです。自然資源は人間が「生物の進化の自然本性にかなうゆっくりとしたペース」(LS.18) を上回らない範囲で採取しても、かつ、自然資源の生分解性を損ねていないものを、自然の自浄作用の範囲内で排出するのであれば、自然環境は持続可能であるはずです。

この意味で、あらゆる環境問題の根っこは、人間の都合による自然資源の乱用と、人間にとって不都合になったものをどんどん自然界に放出していくところにあるのだと考えられます。まだ人間が原始的な生活を営んでいた時、この世に「ごみ」という概念すら存在しなかったはずです。ゴミとは人間の視点、人間の都合によって、自然界の資源循環のしくみを考慮しないで作り出し、不要と判断されたものなのだとも言えます。

> 将来世代に瓦礫と荒廃と汚物を残しつつあります。消費と廃棄、そして環境変化の進行速度が、地球の許容量を超えようとしており、現代のライフスタイルは持続不可能なもので、今でさえ世界のあちこちで周期的に生じている破局を早めるばかりなのです。
>
> (LS.161)

環境問題の概観には科学的根拠は不可欠です。しかし、環境問題という客観的事実の背景にあるもの、目に見えにくいものが何を意味しているのかにまなざしを向ける必要があります。ゴミ問題とはまさに、私たち人間が自然に対してどのようにふるまっているのかを浮き彫りにしているのではないでしょうか。

> ゴミは嫌われものである。それは人目につかない所に捨てられ、人目を避けて処理される。誰もがゴミ処理が重大であることを知りながら、自分では手をつけようとせず、誰かにやって貰い、あるいはどこか遠くへ持って行くことを考える。このようなやり方を、「ゴミかくし」と呼ぶ。目の前から消えればゴミ処理はできたと思い、それ以上の関心は持とうとしない。事実は、ゴミ処理ではなく、まさに「ゴミかくし」なのである。

これは、『緊急普及版　環境百科　危機のエンサイクロペディア』（市川定夫ほか監修　駿河台出版社　2011）の「ゴミ問題」という項目の冒頭の方に書かれている説明です。この本は、一般向けの環境問題に関するいわゆる“虎の巻”的でシンプルな用語集ですが、一定の専門性を確保した短い説明のなかに、鋭い問題意識や本質的な指摘が含まれています。

2. 環境問題の原点としての「水」と見えにくい汚染

“水はいのちの源”と表現すると、誰もが心に響いて水に思いを馳(は)せるものですが、だからといって、自宅の水道水がどこからやってくるのかを多くの市民が知りません。自分の生活排水がどのように海に帰っていくのかも知りません。なぜ毎日きれいな水が飲めるのか、気にもとめません。

東日本大震災・福島原発事故の後、日本中が計画停電の時間帯や期間を設けて一斉に節電したとき、行政の各部局のなかで節電できなかったのが水道局です。まさに、水はいのちの源ですから、水道局は日夜操業しつつ水を浄化し続け、安全で清潔な水を届けて、生活排水から汚染物質を取り除き続けています。ですから、私たちの日々の水道水の扱い方ひとつが、電気エネルギーの消費と二酸化炭素排出量、地球温暖化に対しても大きな意味を持っているということなのです。ところが、これほど生存基盤を支えている身近な水とのかかわり方が地球温暖化防止活動の中心に掲げられることは残念ながら少ないのです。

2019年、何者かの凶弾に倒れた**中村哲医師**は、長年、アフガニスタンで農業・生活用水のために井戸やマルワリード用水路の建設に携わり、乾いた大地と現地の人々の心を潤し続けてきた偉大な人物でした。中村哲医師が手掛けた全事業を継続し、希望を引き継ぐペシャワール会の会長は、中村医師が生前しばしば「水は善悪を超えて誰にでも与えられねばならない」(『希望の一滴　中村哲、アフガン最期の言葉』西日本新聞社　2020）と述べておられたことを紹介しています。中村医師の偉業は、かけがえのない人々への愛と、大地の価値、人々と大地にとっての水の価値を知るからこそ成し得たことだったでしょう。その生涯は、水がいのちをかけるに値するものだと教え、一滴の水がいのちの源であり、平和の礎であり、希望の源泉でもあることもまた伝えてくれています。

地球は水の惑星と言われています。宇宙から地球を眺めたとき、地球が青く見えるのは、地球の表面積の70%を占めている海の水が太陽の青色の光だけを反射するからだそうです。NASA では地球のことを「ブルー・マーブル」と呼んでいます。

水は気体・液体・固体、その物質としての姿をさまざまな形に変えながら地球を循環し、大気の循環と密接につながりながら、海の水は気候を調節し、私たちが生きるために必要な酸素を供給し、あらゆるいのちのあらゆる営みを支えています。

『沈黙の春』や『センス・オブ・ワンダー』で知られるレイチェル・カーソンは、1951年に『われらをめぐる海』を著しています。20億年、30億年昔の海の起源に思いを馳せながら、壮大なスケールで、生きとし生けるすべての物のいのちの母として海の偉大さを描いています。カーソンは科学者らしく、日ごろ気がつきにくい自然の営み、大気と水の循環を次のように描いています。

> 海をおおっている水の層と、その上に横たわる空気層との間のうすい境界線─それは地球の表面の過半にわたって、じかに接触している面でもあるので、そのような境界では、非常に重要な相互作用が、たえず起こっている。
>
> （レイチェル・カーソン『われらをめぐる海』 日下実男訳　ハヤカワライブラリ　1965　P.207）

地球上の水は、量としては、ほとんど増減しません。わたしたちは延々と水を使い続けて暮らしていますが、いつまでも使い続けられるのは、水が姿形を変えながら「循環」しているからです。水はわたしたち人間の「人体」と「地域社会」・「地球全体としての生態系」―３つの次元を循環しつづけながらあらゆるものを生かし、地球全体としての大きな循環のなかであらゆる生物が水に生かされています。

人間の身体の約70％は水で、食べ物飲み物や呼吸から水分を摂取し、排せつする営みを生涯続けて生きています。一人ひとりの人体のなかでの水循環です。尽きることのない水ですが、人間が使用できる水は、川や湖の水、地下水など、地球上のすべての水のわずか2.5%です。さらに、必要な時に必要な分だけ、必要な状態の水が得られるかどうかはまた別問題です。

都市に暮らす私たちが安全な水を使えるようになるためには、地域社会が健全に機能していなければなりません。私たちは、通常水を河川から取水して浄化し、家庭や社会の営みのために利用しています。使用した生活排水は下水道管を通って下水処理場に運ばれ、そこで汚泥が取り除かれ、再び河川を通って海に流れ込み、地球生態系という大きな循環のなかに戻っていきます。

一方、地球全体としての水は、雨や雪として大地に降り、山の一番高いところを境として下方へと流れ、水が川となって集まっていきます。この水が流れる範囲を「流域」といいます。流域では、川となって流れるだけでなく、地中にも水が染み込み、私たちは、こうして集まった水を田畑や家庭で使い、使い終わった水は排水となって海に流れ込みます。海の表面の水は、太陽の熱で水蒸気となり、雲になって再び雨や雪として大地に降り注ぎます。このような水の循環が健やかに維持されることで、地球全体の気候を調節し、私たちが生きるために必要な酸素も供給されています。

水問題は、水質汚染、水不足や枯渇など多岐にわたります。これらの問題は、自然的な要因である場合もあれば、人為的な要因によることもあり、また、地域の状況によっても問題の状況は異なります。たとえば、安全な飲み水へのアクセスが重要な問題となっている途上諸国と、大量の水の使用が問題になる先進諸国では、水にかかわる日常的な課題は大きく異なるはずです。教皇は何よりも貧しい人々にとっての安全な水へのアクセスについての懸念を最初に示しています。

> 清潔な飲み水は、最重要課題です。なぜなら、それは人命にとって、また地圏や水圏の生態系の維持にとって、なくてはならないものだからです。健康管理、農業、工業のためには、真水の水源が必要です。(LS.28)

> とりわけ重要な問題は、貧しい人々が利用できる水の質です。日々、安全でない水が、大量の死、そして微生物や化学物質によるものを含む、水に関連した疾病の蔓延を招いています。不衛生や不適切な水供給に直結している赤痢とコレラは、苦痛や乳児死亡の重大な原因です。地下水源が、多くの場所で、とくに適切な規制や取り締まりが欠けている国々において、特定の鉱・農・工業由来の汚染によって脅かされています。それは産業廃棄物の問題だけではありません。世界の多くの場所で日常的に使用される洗剤や化学製品が、わたしたちの川や湖や海にたれ流しになっているのです。(LS.29)

> 安全な飲み水を入手することは、人間の生存に不可欠であり、また、それ以外の人権を行使する条件そのものであるため、基本的で普遍的な人権です。飲み水に事欠く貧しい人々は、不可侵の尊厳に根ざす生存権を否定されているのですから、わたしたちの世界は貧しい人々に返済すべき甚大な社会的負債を抱えているのです。(LS.30)

日本の水質汚染の問題の約70％は、生活排水の汚染です。日々の台所仕事では、油汚れが簡単に落ち、泡立ちや香りが豊かで使い心地の良い合成洗剤、布巾を真っ白にしたり、キッチンをきれいに消毒してくれる塩素系漂白剤がたくさん使われています。

これらの大量使用は、河川本来の水質浄化の力を著しく低下させます。環境省が発行する冊子によれば、カップ１杯分の使用済みてんぷら油約200ml を魚が生息できるような水質に回復するためには、200リットルの浴槽200杯分の水が必要になります。コップ１杯の油をキッチンの排水口から洗い流すということは、水域の生態系の回復のために４万リットル＝40トンもの水や、排水処理に必要なエネルギーを浪費することを意味するのです。

温室効果ガスである二酸化炭素の吸収源ともなる水環境の汚染は、地球温暖化を促します。生活排水は、汚泥を取り除かれた後、河川を流れて海に戻っていきます。私たちが、水を大切に節水することや、汚れを洗い流す時にはあらかじめ油を拭き取ること、エコ洗剤を使うことなど、ほんのささやかな排水口でのエコ実践が、きれいな水環境、きれいな海、健やかな生態系を守ることに直結します。気候変動をくい止めようと言われたら途方に暮れますが、誰でもが毎日使う水とのかかわりを見直し、ほんの少し節水したり、排水口にできるだけ汚れを流さないようにするという地味なエコ実践の継続だけでも、みながやれば実に大きな地球環境への貢献になります。

このようなささやかなことを軽視して、大きなことはできません。そして、自然保護の専門的知識がなくても、大きなプロジェクトを立ち上げなくても、朝起きてから寝るまで、日々のちょっとしたことの積み重ねが、ケアの文化を育んでいくのです。※2

3.「マイクロプラごみ」の問題と消費欲求、心の問題

2018年の「被造物を大切にする世界祈願日」のメッセージで教皇フランシスコは、プラごみ問題に触れながら水というものと私たちとの本来のかかわりについて、次のように述べています。

> ……極めて基本的で重要な要素である「水」の問題に注目して頂きたいと思います。……プラスチックごみが漂う生気のない海面に、わたしたちの内海と大洋が覆われることがあってはなりません。……他の何よりも地上のいのちのために役立っている「姉妹なる水」のことを、神に感謝せずにはいられません。

「海洋プラスチックごみ問題」は“21世紀最悪の環境問題の一つ”ともいわれています。

2016年、イギリスと香港が共同制作したドキュメンタリーフィルム「A Plastic Ocean プラスチック・オーシャン」※3は、ジャーナリストで冒険家のクレイグ・リーソン氏のチームがシロナガスクジラの撮影をするなかで、海に浮かぶ大量のプラスチックごみを目にしたことを発端に制作されたドキュメンタリーフィルムです。この一部で、海辺で死んでいる渡り鳥の胃袋から大量のプラスチック破片が出て来るシーンは世界中を震撼（しんかん）させました。

同年、世界経済フォーラム（ダボス会議）で「2050年までに海洋中に存在するプラスチックの量は、重量ベースで魚の量を超える」との試算が報告され、これも世界中に衝撃を与えました。

現在、全世界の海洋ごみの問題のうち最大の割合を占めるのが「プラスチック」です。海洋に漂うプラスチックごみは蓄熱によ

って温暖化を促すとともに、二酸化炭素を吸収する力を低下させ、地球温暖化の原因にもなっています。

『The Plastic Waste Makers Index 〜Plastic Waste Makers Index〜』（Minderoo Foundation, 2021）によれば、2019年の「使い捨てプラスチック」の廃棄量は世界全体で１億3000万トンでした。国別でみると、第１位の中国（2,536万トン）と第２位のアメリカ（1,719万トン）の排気量が突出して多く、この２カ国だけで全体の約３分の１を占めています。３番目に多いのはインド（558万トン）、４番目に多いのは日本（471万トン）でした。５番目はイギリス（289万トン）です。

国民一人当たりの廃棄量でみるとシンガポールが最も多く、年75kgも廃棄しています。２番目に多いのはオーストラリア（59kg）、３番目はオマーン（56kg）、４番目はオランダ（55kg）で、日本は18位（37kg）となっています。

この報告書が興味深いのは、廃棄量だけでなく、使い捨てプラスチックを生産するメーカーやそこに融資している銀行、投資機関などのランキングも掲載されていることです。廃棄量のみではなく、廃棄物の生産メーカーとそこに投資、融資した金融機関が明らかにされ、生産者の責任およびESGに代表される投融資の責任を社会全体で問うことへと招いています。

ところで、使い捨てプラスチックの廃棄問題、いわゆる「プラごみ問題」は、既にプラスチック製品の大量生産がはじまった高度経済成長期から問題視されていました。当時から、改善に向けて努力していた人々もたくさんいました。

安価なプラスチック製品が日常的に大量にもたらされたことで、

かつては存在しなかったプラゴミが急増し、ごみ焼却のプロセスで放出される有害物質を除去する新たな焼却炉が必要になりました。

海のプラスチックごみの８割が陸地から川を通って海に流れ込んでいるにもかかわらず、当時、プラスチックという資源を循環させる考え方や技術は発展途上にあり、処理しきれなかったプラゴミの行き着く先が海であることを問題視する声はほとんどあがっていませんでした。

もともと「プラスチック」は、石油などの天然炭素素材を原料とするもので、ビスフェノールＡとフタル酸エステルなどの添加剤を混ぜるなどして1907年に世界で初めて合成ポリマーからつくられました。軽量で耐久性があり、好きな形に成形可能で安価に生産できることから、1940年代から50年代にかけて急速に大量生産が進みました。1950年に150万トンだったプラスチックの生産量は、2017年には３億4800万トンに増大し、今後20年間にプラスチック生産量は２倍になり、2050年には４倍に達すると予測されています。

しかし、自然界に放出されたプラスチックが完全に分解されることはありません。たとえば発泡スチロール製の容器は、完全に分解されるまでに数千年もかかるといわれています。つまり、これまでに生産された丈夫で分解が困難なプラスチックのほぼ全量が何らかの形で地球上に存在しているということです。

今では、医療や輸送・交通手段、建築資材など社会のインフラから、私たちの日用品や家電製品など日常の衣食住生活、素材のレベルから製品までありとあらゆるもの、生活空間の隅々にまでプラスチックが入り込んでいます。

ペットボトルやビニル袋、食品のパッケージや容器、冷蔵庫や炊飯器、エアコンやパソコンなどの家電製品、テレビの液晶ディスプレイ、自家用車の部品、家具、トイレ・バス・キッチン用品、靴、バッグ、洋服、スポーツ用品、メガネのフレーム、人形やゲームなどの玩具、紙おむつや生理用品などの衛生用品、マイクロプラスチックをふくむ合成洗剤、歯磨き粉や洗顔フォームや化粧品などなど。いま、自分の生活空間を見渡してみて、どれだけのプラスチック製品があるか意識してみると、数えきれないほどのプラスチックに驚くでしょう。

現代の先進国の私たちのような、非常に便利で衛生的で快適な生活を日々享受できるようになったのは、まさに、このプラスチックが安価で自由自在に使えるようになったからでもあります。かろうじて今、人間はプラスチックを食べているわけではないと言えるくらいで、プラスチックまみれの日常生活を送っているような状態です。近年では、宇宙開発でもプラスチック素材は活躍しているようです。

さらに厄介なプラごみは「マイクロプラスチック」のごみです。「マイクロプラスチック」とは、5mm以下の微細なプラスチックで二種類に分けられます。一つは、もともと5mm以上の大きさだったプラスチックごみが海洋中で劣化して破砕され5mm以下の微細な形状になったもので、これを「二次マイクロプラスチック」といいます。もう一つは、もともと5mm以下のマイクロサイズで素材として作られたプラスチックで、「一次マイクロプラスチック」と呼ばれています。

「一次マイクロプラスチック」の一種の「マイクロビーズ」は

スクラブ入りの洗顔料や化粧品・歯磨き粉や、紙おむつなどの高吸水性樹脂を含む衛生用品など、身近な製品にも多く使われています。一方、合成繊維の衣類は洗濯機で洗濯するたびに、マイクロプラスチックが洗濯排水に飛散し、最終的には生活排水から海に流入することが多くの研究で報告されはじめています。

近年、魚の体内や水、海塩、人糞からも「マイクロプラスチック」が発見されるようになっています。2016年、東京農工大の研究チームが、東京湾でとれたカタクチイワシの８割近くの内臓からマイクロプラスチックを検出したとの調査結果を発表しました。マイクロプラスチックは、人が食べても排出されるため直接的な影響はないということですが、いかに多くのプラゴミが海に流れているかを示しています。[※4]

2017年には京都大学の研究チームも東京湾や大阪湾や琵琶湖など本州各地で採取した魚の約４割から、「マイクロプラスチック」と呼ばれる小さなプラスチックごみが検出されたとの調査結果を発表しています。[※5]2018年には、国際NGOグリーンピースと韓国仁川大学校の共同調査によって、世界の39の塩ブランドを分析した結果、サンプルの９割からマイクロプラスチックを検出したと発表しています。[※6]

さらに、2022年の４月には、オランダのアムステルダム自由大学の研究チームは、微細な粒子を検出・分析する技術を用いて調査し、人間の血液中からもマイクロプラスチックが検出されたことを伝えています。[※7]

しかし、私たちの誰もが見て見ぬふりをしてしまいがちな本当の問題、解決できずに困っている本当のゴミ問題とは何でしょうか。たとえば、洗濯するとマイクロプラスチックが飛散すると指摘されているファストファッションを買い控えることは可能でしょうか。内なる環境の問題ではないでしょうか。

「マイクロプラごみ」のことを知ったとしても、そして自分のクローゼットに衣料品が不足しているわけでもなく、これ以上、買い控えるために特別の知識や自覚を必要とするわけでもなく、コストがかかるわけでもないのに、あたりまえになってしまった大量消費生活をやめてゴミを減らすというのは、実は簡単なことではありません。

なぜ、足りているのに買ってしまうのでしょうか？

なぜ、消費欲求は延々と増幅し続けるのでしょうか？

大量消費・廃棄の問題が私たちに問いかけているのは、こうした私たちの内なる環境、心の問題なのだと思います。環境教育実践など、意識啓発活動が一筋縄でいかないのは、頭で知っているのに変われない私たちの心に潜む飽くなき消費欲求の問題の根本的解決が求められているからなのでしょう。教皇フランシスコは、このように説いています。

> 人は、自己中心的にまた自己完結的になるとき、貪欲さを募らせます。心が空虚であればあるほど、購買と所有と消費の対象を必要とします。(LS.204)

哲学者のエーリッヒ・フロムは、人間には「To have“持つ”存在様式」と「To be“ある”存在様式」という二つの存在様式があると述べています。

> キリスト教の発展においては、福音書（gospel）という名―〈楽しい便り〉― が、楽しみと喜びの占める中心的な位置を示し

> ている。新約聖書においては、喜びは持つことを放棄した結果であり、悲しみは所有物に執着する者の味わう気分である（たとえば、マタイ13・44および、19・22参照）。イエスの多くの発言において、喜びはある様式の生き方には付きものであると考えられている。使徒たちへの最後の言葉のなかで、「これらのことを話したのは、私の喜びがあなたがたの内にあり、あなたがたの喜びがみたされるためである」（ヨハネ15・11）と、イエスは最終的な形の喜びを語っている。
>
> （エーリッヒ・フロム　『生きるということ　新装版』 紀伊國屋書店　2020　p.165）

エコロジカルに生きようとするとき、何らかのエコロジカルな実践を新たに行うというより、まず、省ゴミ・省資源のもとである大量消費など現状の悪しき習慣をやめることが求められます。人間の問題として環境問題に取り組むということは、私たちの内なる環境に取り組むことでもあります。すなわち、“ある存在様式”―― 自分の心を満たすものを求めることでもあるのだと思います。

コラム⑥「食料の浪費・廃棄は人間を捨てること」

教皇は「食料の浪費・廃棄は人間を捨てること」であり、浪費がさらけ出すのは、物事や物を持たない人への無関心であると語りました。（カトリック新聞社 「カトリック新聞」 2016年6月2日第4484号より）

国連食糧農業機関（FAO）によれば、世界中で生産された食べ物の3分の1にあたる年間約13億トンもの食糧が食べられずに捨てられているのが現状です。とくに日本の食糧廃棄の量が多いことはよく知られていますが、日本では、消費者庁消費者教育推進課・食品ロス削減推進室による「食品ロス削減関係参考資料」（令和4年1月14日版）によれば、まだ食べられるのに廃棄される食品いわゆる「食品ロス」は570万トンです。これは、世界中で飢餓に苦しむ人々に向けた世界の食料援助量（2020年で年間約420万トン）の1.4倍に相当し、毎日大型10トントラック約1,560台分もの食べ物を廃棄していることになります。日本人が年間消費するお米の量は約53kgで、年間一人当たりの食品ロス量はそれに近い45kgです。

日本の場合、「食品ロス」は570万トンのうち、事業者からは309万トン（全体の54%）、家庭からは261万トン（全体の46%）です。

食品ロスというと、コンビニの賞味期限切れのお弁当やファミレスやファストフードの食べ残しなどのイメージがあるかも知れません。しかし、全体の約半分近くは家庭から出ているということを知ると、私たち一人ひとりのライフスタイルの転換が求められることは当然のことだとわかります。

その一方で、世界人口77億人（国連推計2019）のうち、9人に1人にあたる約8億人が栄養不足の状態にあります。「2021年度版　世界の食料安全保障と栄養の現状」（2021 The State of Food Security and Nutrition in the World）によると、2020年、COVID-19パンデミックの影響を受け、世界の飢餓人口は増加しました。2014～2019年の間、ほぼ一定水準であった栄養不足蔓延率は、2019～2020年の間に8.4%から9.9%に悪化、2030年までに「飢餓をゼロに」する目標達成は困難とみられています。

世界では、飢餓が原因でなくなる人々が年間1,500万、1日当たり4～5万人にものぼります。

エコ実践 6 ……………………………… 地域づくりに学ぶ

徳島県ローカルSDGsモデル都市「ゼロ・ウェイスト上勝」

おばあちゃんの葉っぱビジネスでも知られる徳島県上勝町は、ローカルSDGsモデル都市として、2003年に全国に先駆けて「ゼロ・ウェイスト宣言」を行いました。ゼロ・ウェイストとは、無駄、浪費、ごみをなくすという意味です。上勝町では、生じた廃棄物をどう処理するかではなく、“そもそも、ごみを出さない”社会を目指して、消費者・事業者・行政の連携に取り組みはじめました。

【上勝町ゼロ・ウェイスト宣言】

未来の子供たちにきれいな空気やおいしい水、豊かな大地を継承するため、2020年までに上勝町のゴミをゼロにすることを決意し、上勝町ごみゼロ「ゼロ・ウェイスト」を宣言します。

1）地球を汚さない人づくりに努めます！

2）ごみの再利用・再資源化を進め、2020年までに焼却・埋め立て処分をなくす最善の努力をします。

3）地球環境をよくするため世界中に多くの仲間をつくります！

平成15年９月19日　徳島県勝浦郡上勝町

上勝町ではごみ収集を行わず、生ごみなどはコンポストを利用し各家庭で堆肥化します。瓶や缶などのさまざまな「資源」は、住民各自が唯一のごみ収集場である『ごみステーション』に持ち寄って45種類以上に分別、資源化を行ってきました。「消費者」は、ごみにならないように商品を買い、ごみの出ない工夫を生産者に求め、「事業者」は、再利用、リサイクルできる商品を作ったり、自然界で分解できる素材を開発して資源が循環するシステムをつくります。「行政」は、ごみを出さないための法整備をし、「焼却・埋め立て」処理からの脱却を目指すなど、それぞれの立場から取り

ゴミをゼロにする宣言を目標に

組み、「ゼロ・ウェイスト宣言」から17年でリサイクル率80%超えを達成しています。今では、日本国内はもちろん海外からも視察や取材が訪れるようになりました。2020年には「上勝町ゼロ・ウェイストセンター」という複合施設を新設。この施設は、上勝町のゼロ・ウェイストの取り組みを発信するための拠点です。町から出るごみを45種類に分別し回収するゴミステーションの他、町民の方が不要になったものを持ち帰れる「くるくるショップ」や、交流ホール、ゼロ・ウェイスト体験ができる宿泊施設などが併設され、人と人のつながりも醸成しています。

情報源：徳島県上勝町「ゼロ・ウェイストタウン上勝」
https://zwtk.jp

【第６章の注※について】

※１（P104）「カトリック新聞」 2013年６月16日第4198号より
※２（P112） 環境省「第２章　生活排水処理の必要性と浄化槽の特徴」より
https://www.env.go.jp/recycle/jokaso/manual/maintenance/pdf_kanrisya/chpt2.pdf
※３（P113） 監督：クレイグ・リーソン　製作：2016年　配給：ユナイテッドピープル
※４（P117） 日本経済新聞
https://www.nikkei.com/article/DGXLASDG09H0W_Z00C16A4000000/
※５（P117） 朝日新聞　https://www.asahi.com/articles/ASKBS663GKBSPLBJ007.html
現在、公開期限終了
※６（P117） グリーンピース　https://www.greenpeace.org/japan/campaigns/press-release/2018/10/18/1038/
※７（P117） イギリスのガーディアン紙　https://www.theguardian.com/environment/2022/mar/24/microplastics-found-in-human-blood-for-first-time

【第６章の参考文献】

＊エーリッヒ・フロム 『生きるということ』 紀伊國屋書店　新装版　2020
＊『希望の一滴　中村哲、アフガン最期の言葉』西日本新聞社　2020
＊Minderoo Foundation 『The Plastic Waste Makers Index ～ Plastic Waste Makers Index ～』 2021
＊アンドリュー・モーガン監督 『ザ・トゥルー・コスト～ファストファッション　真の代償』 ユナイテッドピープル　2015
＊枝廣淳子 『プラスチック汚染とは何か』（岩波ブックレット） 2019
＊シャンタル・プラモンドン　ジェイ・シンハ 『プラスチック・フリー生活　今すぐできる小さな革命』 NHK出版　2019
＊ベア・ジョンソン 『ゼロ・ウェイスト・ホーム　ごみを出さないシンプルな暮らし』 アノニマ・スタジオ　2016
＊文・藤原ひろのぶ　絵・ほう『買い物は投票なんだ　EARTHおじさんが教えてくれたこと』 三五館シンシャ　2018
＊農林水産省食品ロス削減総合対策事業・「フードバンク事業」など
https://www.maff.go.jp/j/shokusan/recycle/syoku_loss/foodbank.html
「令和３年度食育推進施策（食育白書）」
https://www.maff.go.jp/j/syokuiku/wpaper/attach/pdf/r3_index-5.pdf
＊環境省「食品ロスポータルサイト　食べ物を捨てない社会へ」
https://www.env.go.jp/recycle/foodloss/index.html
＊消費者庁「食品ロス削減特設サイト」啓発冊子（デジタルブック）「計ってみよう！家庭での食品ロス　食品ロス削減マニュアル　チェックシート付き」／「食品ロス削減ガイドブック」https://www.caa.go.jp/policies/policy/consumer_policy/information/food_loss/pamphlet/assets/pamphlet_210331_0001.pdf
＊消費者庁 「サステナブルファッション習慣のすすめ」
https://www.ethical.caa.go.jp/sustainable/

第7章
社会の問題としての地球環境問題

1.「気候変動」をめぐる国際社会の共通理解

『回勅ラウダート・シ』では、「**汚染、廃棄物、使い捨て文化**」の問題に続いて、「共有財としての気候」の問題がとりあげられています。

> 気候は共有財の一つであり、すべての人のもの、すべての人のためのものです。地球規模レベルで見ればそれは、人間として生きるために不可欠な諸条件の多くとつながっている一つの複雑なシステムです。わたしたちには、気候システムの憂慮すべき温暖化を目撃しているということを示す、非常に堅固な科学的コンセンサスがあります。……（中略）……人類は、この温暖化と闘うため、あるいは少なくともそれを生み出し悪化させている人為的要因と闘うために、ライフスタイルを変え、生産と消費に変化をもたらす必要があることを認めるよう求められています。(LS.23)

「気候変動」（Climate Change）とは、気温および気象パターンの長期的な変化を指します。気候変動の要因には、太陽周期の変化や地球の軌道変化、海洋の変動、火山の噴火によるエアロゾル（大気中の微粒子）増加などの自然要因と、人間活動による人為的要因があります。気候変動の諸現象のなかでも、いま、全世界が一丸となって取り組んでいるのが地球温暖化です。

その人為的要因の一つとしてあげられるのが、人間活動に伴う温室効果ガスの排出量の増加です。主な温室効果ガスは、化石燃料（石炭、石油、ガスなど）を燃焼させて得るエネルギーの消費によって排出される二酸化炭素です。

ゆえに、二酸化炭素は化石燃料をエネルギー源とする生産活動やガソリン車・航空などの輸送部門、石炭による建物の暖房を含む建設部門などのほか、土地の開拓や森林伐採によっても排出されます。また、産業活動だけでなく私たちの日常生活でも温室効果ガスを排出しています。

二酸化炭素以外に、ごみの埋立地から排出されるメタンも温暖化を進める温室効果ガスの一つです。

温暖化をめぐる国際的な議論の場では、1988年「国連環境計画」（UNEP）と「世界気象機関」（WMO）によって設立された「気候変動に関する政府間パネル」（IPCC：Intergovernmental Panel on Climate Change）が数年ごとに発表する「IPCC評価報告書」が科学的根拠としてその俎上に上げられます。

IPCC第５次報告書によれば、産業革命期1800年代以降の人間活動に伴う温室効果ガスの排出量の増加が「地球温暖化」を招いて気候変動を引き起こしています。世界の平均地上気温は1850～1900年と2003～2012年を比較して0.78℃上昇しました。気候システムの温暖化については疑う余地がなく、このままでは21世紀末までに世界平均気温がさらに0.3～4.8℃上昇するであろうと予測しています。人間なら衣服などで調節できるわずかな範囲の気温上昇でも、自然界にとっては非常に大きな変化となります。

たとえば、高潮や沿岸部の洪水、海面上昇による大都市部への内水氾濫とそれらによる人々の健康障害や生計崩壊、極端な気象現象によるインフラ機能停止、熱波による死亡や疾病、気温上昇や干ばつによる食料不足や食料安全保障の問題、水資源不足と農業生産減少、陸域や淡水の生態系、生物多様性がもたらす、さまざまなサービスの損失、同じく海域の生態系、生物多様性への影響などです。

地球温暖化に対する国際的な議論が本格的にスタートしたきっかけは、1992年のヨハネスブルグ・サミットで「気候変動枠組条約」が採択され、1994年に条約が発効したことです。その後、条約加盟国による締約国会議（COP：Conference of the Parties）が毎年開催されています。1997年「京都議定書」の採択で知られる“COP3コップ・スリー”は、気候変動枠組条約の第３回締約国会議です。

「評価報告書」をもとにCOPで議論を重ね、2015年にはパリで21回目の締約国会議「COP21」が開催されました。「COP21」では世界の平均気温上昇を産業革命以前と比較して「２℃よりも十分低く」抑え（２℃目標）、さらに「1.5℃に抑えるための努力を追求する」（1.5℃目標）、さらに世界全体で「今世紀後半には人間活動による温室効果ガス排出量を実質的にゼロにすること」を目指すという目標を掲げた「パリ協定」が示されました。これに参加各国が同意して採択されたことや国連のSDGsも含めて、2015年は環境の分野における歴史的な転換点と言われています。

しかし残念ながら、その後の2018年発行の「IPCC1.5℃特別報告書」では、現状が続けば2030年には既に1.5℃の気温上昇に達するであろうことや、気温上昇を約1.5℃に抑えるためには、

2030年までに2010年比で世界全体の CO_2 排出量を約45％削減しなければならないことなどが示されました。

科学的根拠をもとに、「パリ協定」での目標達成には、個々人のライフスタイルや再生可能エネルギーへの転換、森林や海洋環境の保護、資源循環の推進など、あらゆるところで“劇的な転換”が不可欠であることが示されています。

2018年のIPCC1.5℃特別報告書をきっかけに、世界各地に「CED：気候非常事態宣言」（Climate Emergency Declaration）を出す地方自治体が急速に世界各地に広がっていきました。日本では2018年、多くの犠牲者を出した「平成30年７月豪雨」や、その後の国内観測史上最高気温を更新した猛暑の夏は、日本の社会全体に気候変動への強い危機感をもたらしました。2019年９月25日、長崎県壱岐市が日本の自治体としては最も早く「気候非常事態宣言」を出しました。

2020年６月12日には環境省が「気候危機宣言」を発表し、11月には日本の国としての「気候非常事態宣言」が決議されました。2022年11月末現在、日本では東京都を含む130の地方自治体が宣言を出しています。

現在、低炭素社会あるいは脱炭素社会に向けて世界中で取り組まれているさまざまな国内外の政策は、パリ協定とその後のIPCC報告書などをふまえた国際的な協議をもとに進められています。

2. 温室効果ガス排出量の削減と「炭素吸収源」の保全

環境省は、「『気候危機』とも言われている気候変動問題は、私たち一人ひとり、この星に生きる全ての生き物に結びついた、避けることができない喫緊の課題」[※1]として、もはや単なる「気候変動」ではなく、私たちの生存基盤を揺るがす問題であると述べています。

気候変動の対策には「**緩和**」(mitigation) と「**適応**」(adaptation) があります。「緩和」とは、温室効果ガス排出削減の取り組みや、温室効果ガス「**炭素吸収源**」である森林を増やす、海を美しく保つ取り組みなどの対策です。

一方、「適応」とは、緩和を実施しても気候変動の影響が避けられない場合に備え、その影響に対処し、被害を回避・軽減していく対策です。

日本では、2018年「気候変動適応法」が施行され、環境省と国立環境研究所がイニシアティブをとって、政府、地方自治体、民間企業、個人を含むさまざまな主体による気候変動適応に関する取り組みが展開されるようになっています。

かつて、「緩和」策では、直接的にエネルギー消費量を削減する省エネや、「再生可能エネルギー」(renewable energy) への転換やエネルギーの地産地消などの創エネの推進が中心でした。

しかし、その後、『IPCC 土地関係特別報告書』(Climate Change and Land) や『IPCC 海洋・雪氷圏特別報告書』などで、炭素吸収源としての自然を守ることがいかに大きな地球温暖化防止につながるか、その科学的根拠を示した報告書が次々に発表されはじめました。

自然界で生物をとおして吸収・貯留される炭素を「**グリーンカーボン**」といい、このうち海の生物をとおして吸収・貯留される炭素を「**ブルーカーボン**」といいます。国土を海に囲まれた日本は、ブルーカーボンを生かし二酸化炭素削減が期待されている国でもあります。

2019年８月に発行された『IPCC 土地関係特別報告書』では、2007～2016年の世界全体の温室効果ガス（ここでは二酸化炭素（CO2）、メタン、一酸化窒素について）の人為起源総排出量の約23％は、陸域で行われる農林畜産業とそれに伴う土地利用変化に由来すると推計されました。

同時に、陸域はCO2の重要な自然吸収源（主に森林）でもあり、2007～2016年における人為起源 CO2総排出量の約29％に相当する量を正味で吸収したと推計されました。つまり、陸域は温室効果ガスの排出源でもあり吸収源でもあること、それゆえ陸域での対策が温室効果ガスの排出量を削減するとともに、吸収源の保全にもつながるということです。

2019年９月に発行された『IPCC 海洋・雪氷圏特別報告書』（Special Report on the Ocean and Cryosphere in a Changing Climate）では、海洋生態系の劣化を伝えています。温暖化・海洋は、貧酸素化・酸性化という気候変動に起因する３つのストレス要因によって世界的に脅かされています。

海洋熱波は海洋表層のいたる所で発生しており、海が温まるにつれて、より頻繁に、より激しくなっています。これらは、たとえばサンゴ礁や魚の個体群などを危険にさらす疾病や大量死を引き起こします。
一方、海洋は、人間が化石燃料の燃焼から放出してきたCO2の約３分の１と、地球システム内の余剰熱の大部分（90％以上）を吸収することで、温暖化を遅らせることに貢献しますから、きれいで豊かな海を守ることは地球温暖化を防止する大きな力になります。

これら自然が持つ炭素吸収源としての力をふまえれば、温暖化を防ぐ取り組みは直接的な省エネ・創エネのみでなく、土地利用方法を考えたり、海のプラごみを削減して海の豊かさを守ったり、物の消費量を減らしたり、食料廃棄を減らしたり、炭素吸収源としての自然を守る行動全てが温暖化防止に大きく貢献することだと言えます。

一方、全国地球温暖化防止活動推進センター（JCCCA:Japan Center for Climate Change Actions）が示す意識啓発のツールなどからは、産業界だけでなく私たち一人ひとりの日常のささやかなエコ実践がとても意味のあることだとわかります。
たとえば「日本の部門別の二酸化炭素排出量」の推移をみると、二酸化炭素の排出量は産業部門（工場など）が一番多く、次いで運輸部門（自動車など）、業務その他部門（商業・サービス・事業所など）となっています。
しかし、近年、産業部門、運輸部門、業務その他部門は前年度より二酸化炭素排出量が減少する傾向にある一方で、家庭部門は前年度より排出量が増加し、2012年度には1990年度比で約６割も増加しているのです。このことは、各家庭における具体的な削減対策がいかに重要であるかを示しています。

結局、私たち一人ひとりが日常生活において、水や電力などの資源の消費を節約して資源を大切に使い、できる限り廃棄量を減らし汚染を防ぐ、365日のささやかなエコ実践が温暖化をくいとめる基盤になるのでしょう。

2020年（令和２年）、**日本の政府は2050年までに「カーボンニュートラル」を目指す**ことを宣言しました。環境省の「脱炭素ポータル」※2によれば、「カーボンニュートラル」とは「温室効果ガスの排出量と吸収量を均衡させること」を意味します。日本の2020年度のエネルギー供給は、化石燃料による火力発電が76.3％（内訳：石油6.3％、石炭31.0％、LNG（液化天然ガス）39.0％）を占めています。

一方、温室効果ガスを発生しない再生可能エネルギー発電の割合は18.1％で、EU 諸国に比べて非常に低い値となっています。「カーボンニュートラル」を目指すために、政策のレベルでも、産業界でも、今すぐに「再生可能エネルギー」（renewable energy）への転換が求められます。「再生可能エネルギー」とは、太陽光、風力、地熱、水力、バイオマスなど、二酸化炭素をはじめとする温室効果ガスを排出しないだけでなく、消費しても再び生産されて枯渇する心配がなく、永続的に利用可能なエネルギーのことです。※3

2021年４月、日本政府は温室効果ガスの排出量を2030年度に2013年度比46％削減、さらに50％削減の高みを目指すことを発表しています。そして、環境省は「2050年に CO2（二酸化炭素）を実質ゼロにすることを目指す旨を、首長自らが、または地方自治体として公表された地方自治体」を「**ゼロカーボンシティ**」としています。2023年３月31日時点で、東京都・京都市・横浜市をはじめとする934の自治体（46都道府県、531市、21特別区、290町、46村）が宣言を表明し、具体的な取り組み・対策を進めています。（第８章コラム参照）

2021年８月に発表された「IPCC 第６次評価報告書」の「第一作業部会（自然科学的根拠）報告書」は、「人間の影響が大気、海洋及び陸域を温暖化させてきたことには疑う余地がない」と断言しています。COP26で採択されたグラスゴー気候合意では、1.5℃目標達成に向けた「努力を追求する決意」が示されました。

2022年４月に発表された「第三作業部会（気候変動の緩和）報告書」では、「気候変動問題は、持続的でない生産・消費行動が引き起こしたものであり、その気候変動が人々の健康・生活を脅かしている。野心的な気候行動なくして、持続可能な発展はない。」と述べています。[※4]

3.「気候正義」と「公正な移行」(Just Transition)

脱炭素社会に向けて、全世界が具体的な取り組みをはじめていますが、教皇は繰り返し、格差問題としての環境問題の側面に注意を払うように訴え続けています。

途上国では、エネルギーの転換やエコテクノロジーの導入、移住など、温暖化の緩和あるいは適応の資金、技術などの能力が不十分であり、国、地域、個々人いずれのレベルでも、先進国に比べて地球温暖化による打撃をより一層受けてしまいます。

> もっとも貧しい地域や国は、環境負荷を低減する新たなモデルを採用する可能性を持ち合わせていません。必要なプロセスを開発し、そのコストを賄うための資金調達がままならないからです。ですからわたしたちは、気候変動には差異ある責任があるということを意識し続けなければなりません。米国の司教団が述べたように、「強力な利害関係に押されがちな議論においては、とくに、貧しい人、弱い人、傷つきやすい人の必要」にもっと関心を払うべきです。わたしたちは一つの家族であるという自覚を深める必要があります。(LS.52)

また、先進国に暮らす私たちの大量消費型のライフスタイルは、途上国の大量生産に支えられています。私たちの衣食住全般にわたって日常生活で享受している大量消費は、途上国を通じた間接的な化石燃料や自然資源の大量消費も意味しています。

現世代の先進国の私たち、あるいは途上地域でも経済的富裕層の消費生活の結果が貧困層により一層打撃を与える格差と不公正な状況は、現世代の私たちと将来世代の人々との世代間にも見られます。気候変動の主要な原因である時代・場所・人々と、そのネガティブな影響が及ぶ時代・場所・人々の間には不均衡な隔たりがあるのです。

> 自然環境は、一つの集団的な財、全人類が代々受け継いでいく財産であり、あらゆる人がその責任を負っているものです。何かをわたしたち自身のものにするということは、皆の善のためにそれを管理するということにすぎないのです。そうでなければ、他者の存在を否定したことの重荷を自らの良心が背負うことになります。これこそ、「世界人口の二十パーセントが、貧困国と将来世

代からその生存に必要なものを略奪する勢いで、資源を消費している[78]」ときにあって、「汝、殺すなかれ」というおきての意味を、ニュージーランドの司教団が問うた理由です。(LS.95)

格差と貧困問題に取り組む国際NGOオックスファム・インターナショナルの報告書によると、1990年から2015年までの間で、世界の富裕層上位1%の二酸化炭素排出量は最貧層の30億人の2倍以上に当たります。少数の富裕層による過剰な消費が気候危機をあおり、地球を危険にさらしている一方で、貧困状態にある人々は、排出量が少ないにもかかわらず、洪水や飢饉、サイクロンといった代償を払っていると述べています。2022年5月のオックスファム・インターナショナルの報告書によれば、新型コロナ感染が世界的に拡大した2020年3月～2022年3月の2年間に、貧富の格差が一層拡大しました。

世界で最も裕福な10人の資産は、最も貧しい40%にあたる約31億人分を上回っています。[※5]

2010年代以降、世界各地で気候正義を求める社会運動が展開されはじめ、2014年9月、ニューヨークで行われた温暖化対策を求めるデモ（クライメート・マーチ）で、もっとも叫ばれたのが「What We Want is Climate Justice」であったといいます。

「気候正義」(Climate Justice) とは、資源と経済格差、不公平さを背景に、「気候変動問題は（因果関係を踏まえた加害者と被害者が存在する）国際的な人権問題であって、この不正義を正して温暖化を止めなければならない」という認識のもと、先進国が引き起こした気候変動への責任を果たし、すべての人々の暮らしと生態系の尊さを重視した取り組みを行うことによって、途上国が被っている不公平さを正していこうという考え方で、気候の

公平性ともいいます。※6

一方で、国際社会はもう一つの正義を問題にして前進を続けようとしてもいます。気候変動対策（緩和・適応）や生物多様性の保護対策の推進が求められる中で、「**公正な移行**」（Just Transition）への取り組みも進んでいます。

「公正な移行」とは、生物多様性の保護や気候変動関連対策によって、雇用喪失や労働条件の著しい低下が生じる産業や労働者および地域コミュニティへの悪影響を最小限にとどめ、社会的な好影響を最大限にしようとする考え方です。

この考え方は、2015年の「パリ協定」の前文で指摘され、2016年10月にはILO（国際労働機関）が「すべての人々が享受する、環境に持続可能な経済社会にむけた公正な移行のガイドライン」を設定しています。既に諸外国（アメリカやドイツ、デンマークなど）で公正な移行の成功事例が報告されています。

気候変動対策の現場から離れたところにいる私たちは、再生可能エネルギーへの転換をはじめ、よりエコロジカルなあり方の理念にまなざしが注がれますし、それらは、直接的に目に見える形で、目の前に示されなければ、その進展は気がつきにくいものです。

しかし、既存のエネルギー産業に従事する人々など、低炭素・脱炭素社会への移行において雇用・労働が危機に瀕する人々の新たな生活を守ることを視野に入れ、どうしたら現実に持続可能な社会が実現するのかということに力を注いでいく必要もあります。問題は、どうすべきかわからないのではなく、あるべき状態を実現するための方策が見いだせないことの方が多いのかもしれません。このような背景から、あらゆる立場の人々の対話が必要とされています。

コラム〈7〉三重県・芦浜原発白紙撤回への37年間の闘い

三重県の紀伊半島は日本最大の半島ですが、原発が一基もありません。「芦浜」は、豊かな漁場として知られる熊野灘に面した三重県度会郡南島町（現・南伊勢町）とその西隣に位置する紀勢町（現・大紀町）をまたぐように広がる浜辺です。中部電力がこの豊かな浜を原発候補地として公表したのは1963年のことでした。

芦浜に漁業権を持っていたのは南島町の古和浦漁協と紀勢町の錦漁協です。錦漁協は当初から原発受入れ推進でしたが、南島町の計７つの漁協はすべて反対の立場を取りました。

南島町は当時、人口１万５千人。数千人規模のデモや集会などを繰り返し実施し、町役場にも闘争本部が設置されました。町民たちは一丸となって闘い、一旦は計画を中止に追い込んだものの、漁師たちのハマチの養殖が不振になると、中電は漁民同士を連帯保証人にし合う貸付制度を積極的に展開し、漁協に海洋調査補償金・協力金を提示しました。

しだいに反対派が推進派へと傾き、地域は分断されていきました。その後、原発反対決議が撤回されるという事態に陥りました。

しかし、いよいよ原発受入れかという状況下で、闘う親たちを見て育った若者世代や、子供たちを守ろうという母親たちがなおも反対の声をあげ続けました。

さらに、原発の問題を南島町の問題から、三重県全体の問題へと拡大して取り組もうと、知事選での当選に必要な票数を上回る有権者数（141万人）の過半数を目標に県民への署名運動を開始しました。約半年かけて81万人の署名を集めて知事に手渡しました。こうして、2000年２月22日、三重県知事は原発計画を白紙撤回することを表明したのです。

芦浜の計画地はいまだに中部電力が所有しています。いざという時、原発を近寄らせない土壌をこれからも育み続けることが何よりも大切です。小さな地域に降りかかる原発の問題を、より広範囲の人々が連帯して共有し、一丸となって抵抗する必要性を示した事例です。

情報源：『THE BIG ISSUE』（ビッグイシュー日本版） 2016 No.297 pp.12-13

北村博司『原発を止めた町　新装版—三重・芦浜原発三十七年の闘い』現代書館　2011
柴原洋一『原発の断りかた　ぼくの芦浜闘争記』月兎舎　2020
朝日新聞津支局『海よ！　芦浜原発30年』風媒社　1994

エコ実践 7 ……地域づくりに学ぶ

岡山県SDGs未来都市「真庭バイオマスタウン」

岡山県北部の真庭市は、中国山地のほぼ中央に位置し、森林面積が約79%を占め、古くから森林の恩恵による暮らしを営んできた人口約５万人ほどの地域です。

明治から昭和にかけては、近代化に伴い製材業が盛んになり、戦後の復興期、高度経済成長期には西日本の木材需要を支え美作杉檜は全国ブランドにもなりました。ところが、高度経済成長期後の日本人のライフスタイルの変化もあり、林業や製材業を取り巻く環境は厳しくなっています。

そこで、1990年頃から、林業の衰退や過疎化の現状をどうにか変えたいと、バイオマス事業を軸に中山間地域の固有性を活かしながら、持続可能な暮らしを実現するための取り組みがスタートしました。

ある産業で出た資材の残りを別の事業で再利用したり、その過程で出た副産物をまた別の事業で利用したりするなど、バイオマス事業は単独の事業を指すものではなく一連の循環があってはじめて完成するものです。真庭では農業、林業、工業、商業、教育、福祉、技術や文化……人間の生活のすべてが、バイオマス事業という持続可能な産業の輪のなかで繋がる地域を目指して研究、実践を重ねています。自然再生資源として有力な木質資源を中心に循環の輪を広げ、地域のみならず地球規模の課題として取り組んでいます。

森林組合の作業風景

2015年から稼働をはじめた「真庭バイオマス発電所」をはじめ、ごみを資源に変えるメタン発酵施設、バイオ液肥を無料配布する「バイオ液肥スタンド」、サイクリングロードの整備やバイオマスツアーなどの観光への取り組み、環境教育による人づくりなど、多角的で先進的な取り組みが評価され、2018年には内閣府の「SDGs 未来都市」に選定されました。

持続可能な林業経営と木質バイオマスなどの活用により、地域エネルギー自給率は30%を超えるなど「里山資本主義」の先進地として全国から注目を集め、SDGs 未来都市のなかでも先導的な取り組みとして全国10事業の「自治体 SDGs モデル事業」にも選ばれています。

【第7章の注※について】

※1（P128）『環境白書』 2022年　令和4年版

※2（P131） https://ondankataisaku.env.go.jp/carbon_neutral/road-to-carbon-neutral/

※3（P131） 原子力は二酸化炭素を排出しないことからクリーンエネルギーと位置づけられることが少なくありませんが、原子力のエネルギー源であるウランは枯渇性の資源であるため、資源の永続的な利用という点で再生可能エネルギーとは言えません。また原子力は、現世代でエネルギーを消費するにもかかわらず、極めて有害で危険な放射性廃棄物を次世代に遺すという点で、世代間の公平性にも問題があるのではないかと思われます。

※4（P132） 環境省より「別添1　IPCC/AR6/WG2　報告書の政策決定者向け要約（SPM）の概要」PDF、および「IPCC 第6次報告書　第3作業部会　報告書　政策決定者向け要約　解説資料」より

※5（P134） 2020年9月21日 Carbon emissions of richest 1% more than double those of poorest half of the world – Oxfam https://oxfamapps.org/media/press_release/carbon-emissions-of-richest-1-more-than-double-those-of-poorest-half-of-the-world-oxfam/

※6（P135） 国立環境研究所地球環境研究センターニュース2018年4月号［Vol.29 No.1］通巻第328号「地球環境豆知識［34］気候正義」より

【第7章の参考文献】

＊ポール・マッカーティン 『温暖化防止のため　私に何ができること』 聖コロンバン会 2020

＊枝廣淳子 『ブルーカーボンとは何か：温暖化を防ぐ「海の森」』（岩波ブックレット No.1067） 岩波書店　2022

＊グレタ・トゥーンベリ編著『気候変動と環境危機　いま私たちにできること』河出書房新社　2022

＊アル・ゴア 『不都合な真実2』 実業之日本社　2017

＊ポール・ホーケン編著、江守正多訳 『ドローダウン　地球温暖化を逆転させる100の方法』 山と渓谷社　2020

＊鳥越皓之ほか 『地域の力で自然エネルギー！』（岩波ブックレット No.786） 岩波書店 2010
＊諸富徹 『「エネルギー自治」で地域再生！ 飯田モデルに学ぶ』（岩波ブックレット No.926） 岩波書店 2015
＊日本カトリック司教協議会『今こそ原発の廃止を』編纂委員会 『今こそ原発の廃止を―日本のカトリック教会の問いかけ』 カトリック中央協議会 2016
＊IPCC Special Report on Global Warming of 1.5℃ 2018
＊環境省 「1.5℃の地球温暖化：気候変動の脅威への世界的な対応の強化、持続可能な開発及び貧困撲滅への努力の文脈における、工業化以前の水準から1.5℃の地球温暖化による影響及び関連する地球全体での温室効果ガス（GHG）排出経路に関する IPCC 特別報告書（環境省仮訳 2019年）」
＊「ナショナルジオグラフィック日本版」公式サイト https://natgeo.nikkeibp.co.jp
＊A-PLAT 気候変動適応情報プラットフォーム https://adaptation-platform.nies.go.jp
＊JCCCA 全国地球温暖化防止活動推進センター https://www.jccca.org
＊環境省公式サイト「環境省脱酸素ポータル」
https://ondankataisaku.env.go.jp/carbon_neutral/
＊環境省「うちエコ診断」 https://www.uchieco-shindan.jp
＊消費者庁公式サイト「エシカル消費特設サイト」
https://www.ethical.caa.go.jp/index.html

第8章
社会的側面と持続可能な社会像

1. 教会の社会教説と「全人的な発展」と「共通善」

環境問題に取り組むとき、本来は、問題のない世界がどのようなものかを思い起こす必要があることは、本書のなかでたびたび述べてきました。

問題のない姿としての人間の生存基盤である自然界には「循環」というつながりに象徴される掟があります。そして、被造物として自然の一部でありながら、自然の一部というだけではない本性を賦与されている人間には、自然や他者とのかかわりにおいて、それぞれと全体で一つのものとしての秩序をケアする責務があります。もう一つ、本来の社会の姿をいつも思い起こす必要があります。それが、社会的本性を刻まれた私たち人間の本来のあり方を思い起こすことにつながると思われます。

教皇は、自ら『回勅ラウダート・シ』が、**社会回勅**に位置づけられると語っています(LS.15参照)。バチカンの『ともに暮らす家を大切にする旅』でも次のように述べられています。

『ラウダート・シ』は、諸教皇の社会回勅の一つとして、教会の社会教説に連なって、重大な今日的諸課題を取り上げるもので、わたしたちの時代を特徴づける複雑な出来事についての道徳的また司牧的な識別を通して、考察原理と判断基準と行動指針を提供するものです。（『ともに暮らす家を大切にする旅』 p.15より）

カトリック社会教説を貫くのは、**人間であることをまるごと尊重する全人的な人間肯定と人間性の受諾を旨とする「キリスト教ヒューマニズム**」です。

本回勅を含め、カトリック社会教説に立つあらゆる文書は、人類を、自らに刻まれた社会的本性が紡ぎ出す社会的営為を通して人格的完成に向けた歩みをともにし、全被造界を満たす「無欠の平和（shalom）」の支配の到来に全身全霊で備えるよう招かれている一つの民である、と捉え、そのようなものとして、家族、労働、経済、国政、国際関係そして自然環境といったあらゆる社会的現実を秩序づけていくのがわたしたち人間の本来の歩みである、と教えます。

（瀬本正之 S.J. 「基調講演『ラウダート・シ』の意義―環境時代（Ecozoic Era）の社会回勅―」『日本カトリック神学会誌』29　日本カトリック神学会　2018）

『回勅ラウダート・シ』の中心概念「総合的な（インテグラル）エコロジー」が全人的な（インテグラルな）人間観・世界観にもとづくものであることは既にお話ししました。カトリック教会は、**インテグラルな人間観・世界観に基礎を置く発展概念を「インテグラル・ディベロップメント Integral Development」＝「全人的発展**」と表現しています。

教会の社会教説は、人として生きるさまざまな状況についての注意深い考察を、神の啓示と、自然法と、キリスト教神学の人間論の光のもと、自由意志を与えられた知的存在であり、自己支配、および他の被造物に対する優位性の責任ある行使とが求められる権利と義務の主体である「人格」の尊厳を土台として提示しています。こうした展望は、人間を、自身との、他者との、社会との、宇宙との、神とのかかわりから成る一つの総体として、深みから分析すること、また、つねに変化し続ける世界のなかで「時のしるし」を見極めることを要求します。ですから教会の社会教説は、明らかに、よりよい世界の構築に資する教育と行動との価値ある道具となるのです。(『ともに暮らす家を大切にする旅』 pp.15-16より)

「総合的な(インテグラル)エコロジー」は、「社会倫理の課題、すなわち人と人を一つにし、平和な社会を建設する努力も他の課題と不可分のものであるとする考え方です」。※1 また回勅のなかで、「総合的な(インテグラル)エコロジー」は「社会倫理を統一する中心原理である**共通善**の概念と不可分なもの」(LS.156)であると述べています。

共通善とは、「集団と個々の成員とが、より豊かに、より容易に自己完成を達成できるような社会生活の諸条件の総体」(LS.156)であり、共通善の原理は「全人的な発展に向けて譲渡不可能な基本的諸権利を賦与された人格として人間を尊重すること」(LS.157)であると説かれています。

この共通善の原理は、「すぐさま、論理的かつ不可避的に、連帯と、**もっとも貧しい兄弟姉妹のための優先的選択**とを求める」ものであり、「この選択が共通善の実効ある達成のために不可欠な倫理的要請」(LS.158)となります。また、地球は私たちの所有物ではなく“借りもの”であるがゆえに、共通善の概念は、「将来世代をも広く視野に収めるもの」(LS.159) であり、**世代間の連帯** (Intergenerational Solidarity) から離れて持続可能な発展を語ることはできないと述べています。

> 将来世代に残しつつある世界がどのようなものかをひとたび考えはじめれば、わたしたちは物事を違ったふうに眺め、この世界が無償で与えられ、他者と分かち合うべき贈り物であることに気づきます。……わたしたちがいただいたこの世界は後続世代にも属するものゆえに、世代間の連帯は、任意の選択ではなく、むしろ正義の根本問題なのです。(LS.159)

2. 国際社会の歩みと「持続可能な開発」

“Only One Earth”、「かけがえのない地球」を合い言葉に、1972年世界で初めて環境問題をテーマにした国際会議「国連人間環境会議」(通称ストックホルム会議) が開催されました。この後、日本の提案によって、国連はこの会議開催期間初日の６月５日を国連デーの一つ「世界環境デー」(WED：World Environment Day) と定めています。日本でも、環境庁 (当時) によって、６月５日を「環境の日」とし、６月５日からの１週間を「環境週間」、後に６月の１か月間を「環境月間」とすることが定められました。以来、これらの記念日を中心に、環境保護意識を高めたり、エコ実践を促したりするさまざまな取り組みが各地で開催されるようになっています。

ストックホルム会議で出された「人間環境宣言」では次のよう

に宣言されています。

> 人は環境の創造物であると同時に、環境の形成者である。環境は人間の生存を支えるとともに、知的、道徳的、社会的、精神的な成長の機会を与えている。地球上での人類の苦難に満ちた長い進化の過程で、人は、科学技術の加速度的な進歩により、自らの環境を無数の方法と前例のない規模で変革する力を得る段階に達した。自然のままの環境と人によって作られた環境は、共に人間の福祉、基本的人権ひいては、生存権そのものの享受のため基本的に重要である。

この宣言文章には、さらに、環境問題が自然資源の枯渇や汚染による生態学的な問題であるだけではなく、飢餓や貧困、人権、ジェンダー、教育などの諸問題と相互に密接に関わる地球規模の問題であるとの理解が示されています。

全世界の公的な場で、環境問題は人類共通の課題でありながらも、その世界的な取り組みでは、自然を犠牲にしても、経済開発を推し進めざるを得ない貧困や飢餓の問題をかかえる開発途上諸国と先進諸国との格差を視野に入れねばならないという理解が広がった点に、この会議開催の大きな意義の一つがあります。

ストックホルム会議を境に、環境問題というのは自然枯渇や汚染という狭い意味だけではなく、人間環境、生活環境、社会環境、生きる環境全体の問題でもあり、格差問題を含め、人間の尊厳ある生活を阻むあらゆる問題なのだという理解が広がっていきました。

そこから、国際社会は世界共通の課題として「開発と環境のジレンマ」に取り組むことを明確に見据えるようになっていきますが、1980年代から90年代にかけて、テクノロジーの進展によって大量生産の規模も拡大していきました。環境問題の悪化が懸念されるなかで国際社会の心を捉えたのが「持続可能な開発」という言葉でした。

この考え方は、1980年、IUCN、UNEP、WWFがまとめた『世界保全戦略』（WCS：World Conservation Strategy）のなかに初めて登場したとされるもので、もともと1972年のストックホルム会議における行動計画を具体化するためのビジョンとして提示されたものでもあると言われています。

その後、「持続可能な開発」という語は、WCED「環境と開発に関する世界委員会（ブルントラント委員会）」が1987年に提出した委員会報告書『我ら共有の未来（Our Common Future）』のなかでより明確にされています。

報告書では、「持続可能な開発」とは、「将来世代のニーズを満たす能力を損なうことが無いような形で、現在の世代のニーズも満足させるような開発」と定義づけられています。このように「持続可能な開発」の概念に明確な定義がなされたことで、この言葉は急速に世界中に広がっていきました。

そして、1992年にはブルントラント委員会が示した意味での「持続可能な開発」についての世界的な議論のための「環境と開発に関する国連会議」が開催されました。ブラジルのリオ・デ・ジャネイロで開催されたことから「リオ・地球サミット」と呼ばれています。この国際会議では、「環境と開発に関するリオ宣言」や、その行動計画である「アジェンダ21」が採択され、「気候変動枠組条約」や「生物多様性条約」、「森林原則声明」が署名されるなど、その後の持続可能な開発に関する世界各国の取り組みや地球環境保護実践のあり方に大きな影響を与えることとなりました。

2000年にニューヨークで開催された「国連ミレニアムサミット」では、「国連ミレニアム宣言」が採択され、これをもとに、2015年までに達成すべき８つの開発分野（①貧困・飢餓、②初等教育、③女性、④乳幼児、⑤妊産婦、⑥疾病、⑦環境、⑧連帯）における国際社会共通の目標が掲げられました。これが「ミレニアム開発目標」（MDGs：Millennium Development Goals）です。

これらの目標は、1990年代の主要な国際会議で採択された国際開発目標を統合したもので、発展途上国向けの開発目標でした。これらは、一定の成果は上げられたものの達成できなかった目標もあり、ポストMDGsであるSDGs（持続可能な開発目標）へとつながっています。

2002年には、南アフリカのヨハネスブルグにおいて「持続可能な開発に関する世界首脳会議」（WSSD：World Summit on Sustainable Development）が開催されています。これは、1992年の「リオ・地球サミット」から10年が経過したのを機に、「リオ・地球サミット」で出された「アジェンダ21」の実施状況とその後の課題などについて議論し、引き続きアジェンダ21に示された計画実施を促進することをねらいとして開催された国際会議で、「リオ＋10」とも呼ばれています。

この会議では、「アジェンダ21」をより具体化した行動目標である包括的文書「ヨハネスブルグ行動計画」及び「ヨハネスブルグ宣言」が採択されました。

このようなプロセスを経て、「持続可能な開発」というテーマの下で1980年代から1990年代にかけて、環境問題についての国際的な協議が行われてきました。2000年代に入って以降は、地球環境問題におけるさまざまなグローバル・イシューなどの相互連関性がより一層着目されるようになり、環境問題への取り組みにおいても分野横断的なアプローチが展開されるようになっています。

同時に、国際会議の歩みにおける公的な枠組みのなかでも、環境教育は「持続可能な開発」を推進するために重要なものであると理解されるようになりました。

1997年テサロニキ会議で示された「持続可能性のための教育」（EfS：Education for Sustainability）や、2002年ヨハネスブルグ・サミットで言及された「持続可能な開発のための教育」（ESD：Education for Sustainable Development）など、地球規模の環境問題における開発と環境のジレンマを視野に入れた分野横断的な環境教育が国内外で注目されるようになっていきました。

また、1992年の「アジェンダ21」にも登場した「**持続可能な消費**」という言葉は、「大量生産・大量消費・大量廃棄」という問題構造のなかで、生産のみならず消費と消費者のあり方の問題もクローズアップしました。

このコンテクストでもたらされた「**持続可能な消費のための教育**」（**ESC：Education for Sustainable Consumption**）の概念は、EfSやESDとともに、持続可能な社会への取り組みがあらゆる立場のあらゆる人によって共通に担われるべき課題であることを意識化してくれています。

「持続可能な開発」の概念が国際社会にもたらされたことの意

義は、Developmentの訳語である「開発」にしても、「発展」や「成長」にしても、その意味内容をいかに捉えるのかを問うことへと多くの人々をまねき、ともに考える機会をもたらしたことでしょう。

その一方で、途上国の背景を視野に入れた環境教育実践やESDの取り組みが、「持続可能な開発」をめぐる国際会議の歩みという一つのレールの上に展開されることになり、ブルントラント委員会が示した「持続可能な開発」の意味—「将来世代のニーズを満たす能力を損なうことがないような形で、現在の世代のニーズも満足させるような開発」—が大前提とされていることにも留意する必要があると思われます。

つまり、「持続可能な開発」の意味内容を本質的に見つめ直したり、問い直したりする機会を持つことが難しくなったとも言えるのです。

3. SDGs国連持続可能な開発目標と「ローカルSDGs」

回勅『ラウダート・シ』発行後の2015年９月、教皇フランシスコは国連からの招きに応えて**SDGs**が採択された「国連持続可能な開発サミット」(2015年９月25〜27日ニューヨーク国連本部で開催）の初日に演説を行っています。

日本ではあまり知られていませんが、教皇はこの演説で、「重要かつ建設的な歴史的成果が実を結ぶよう、時代は私たちに、社会の新しい取り組み方を生み出す行動に重点を置くことを求めています。その未来を築くためには、私たちは“課題”を先送りにすることはできないのです」(国連広報センター Dateline UN、Oct.2015/Vol.90より)と語り、持続可能な開発、気候変動などの地球規模の課題の解決に向けた人々の結束と人権の擁護や気候変動問題への緊急のアクションを促し、SDGsにインパクトを与えたであろうと伝えられています。

ご存じのように**「持続可能な開発目標」(SDGs：Sustainable Development Goals)**とは、2015年９月の第70回国連総会で加盟国の全会一致で採択された「持続可能な開発のための2030アジェンダ」に提示された世界の共通目標です。

SDGsは、前節で見てきたような国際会議の歩みのもとで、2001年に策定されたミレニアム開発目標（MDGs）の後継として設けられた国際目標です。2030年までに、地球上の**「誰一人取り残さない（leave no one behind)」**持続可能で多様性と包摂性のある社会の実現を誓うもので、SDGsはそのために設定された17のゴール・169のターゲットから構成されています。

MDGsが途上国を対象にしていたのに対して、SDGsは途上国も先進国もすべての国々が、経済成長、社会的包摂、環境保護という持続可能な開発の３つの側面のバランスがとれた社会を目指すものであることや、繁栄を促進させつつも同時に地球を守るための行動も求めています。

この背景には、「貧困に終止符を打つためには、経済成長を高め、教育や保健、社会保障、雇用創出を含む幅広い社会的ニーズに取り組む一方で、気候変動と環境保護に対処する戦略が必要である」という認識があります(国連広報センターによるSDGsの説明より)。「2030アジェンダ」には、次のように記されています。

> ４．（誰一人取り残さない）この偉大な共同の旅に乗り出すにあたり、我々は誰も取り残されないことを誓う。人々の尊厳は基本的なものであるとの認識の下に、目標とターゲットがすべての国、すべての人々及び社会のすべての部分で満たされることを望む。そして我々は、最も遅れているところに第一に手を伸ばすべく努力する。（「2030アジェンダ」より）

SDGsが採択された2015年の12月には、COP21（第21回国連気候変動枠組条約締約国会議）で「パリ協定」も採択されました。環境問題への関心が世界的に高まるなか、SDGsは関連の行政機関の公式サイトだけでなく、民間のTV番組、新聞雑誌などからSNSまであらゆるメディアを通じて普及啓発が促されています。動画や参考資料など優れた教材や意識啓発ツールも次々に開発され、MDGs時代に比べると飛躍的にSDGsの認知度は高まりました。

政策的にもSDGsの推進がバックアップされ、産官学民、社会のあらゆる立場からのSDGsへの取り組みが促進されています。また、文部科学省の学習指導要領に含まれたことから、公教育の場でもSDGsへの取り組みが展開されるようになっていますし、企業経営ではESG投資の拡大とも相まって多様な実践が見られます。

SDGsについて賛否両論はあるものの、政策となった枠組みは、その推進において予算が投下されていますから、比較的財源が確保しやすい利点があります。SDGsを一つのきっかけとして、既存のどんなささやかな取り組みであってもそれぞれSDGs的な意味づけをすることはできます。

また、地域固有の取り組みを、世界共通の目標達成に向けた国内外との協働と捉えることもできます。多くの人々と自由につながるポータルとしても、SDGsの枠組みを大いに活用していけるのではないでしょうか。

教皇は、一般謁見講話や「被造物を大切にする世界祈願日教皇メッセージ」などでも、６月５日の国連「世界環境デー」にふれたり、「COP気候変動枠組条約締約国会議」やCOP21で採択された「パリ協定」、「生物多様性条約締約国会議」などについてもたびたび言及されています。

環境問題についてのメッセージでは、国際社会における共通目標に向けて、宗教や文化、価値観の違いを超えて、全世界のさまざまな立場の人々と共に協働していくことを呼びかけています。

本章の２節で述べた、1972年の国連人間環境会議（ストックホルム会議）以降、環境問題を人類共通の問題として協議する国際会議が定期的に開催されてきました。これらの会合によってもたらされた国際社会における「SDGs」や「パリ協定」など世界全体の共通目標は、参加各国政府によって行政レベルでの目標達成へのロードマップ、実施計画が描かれ、目標達成に向けた新たな具体的取り組みが既存の政策に反映されていきます。

さらに、各地域で、地方行政機関、企業、学校、NGO/NPOや草の根市民組織など社会を担う多様な立場が、それぞれの固有性をふまえながら、世界の全体目標の達成に貢献しうる活動テーマや行動計画・基本方針などを、既存の開発計画・事業・活動計画に反映していきます。“全世界の共通目標達成”というこれまでの歴史にはなかったグローバルな目標が提示されたことで、各国、各地域はそれぞれの取り組みを俯瞰的（ふかんてき）に捉えることが求められるようになりました。

このように、政策立案や事業の見直し、教育カリキュラムなど、それぞれの立場からできることに取り組むプロセスで、各省庁横断的なプロジェクトや、産官学民連携の取り組みや、分野横断的な取り組みが促されてきたことは意義深いことだと思われます。

国際社会のなかでは日本は先進国ですが、"課題先進国"ともいわれています。エネルギー問題や環境問題だけでなく経済格差、教育格差、都市一極集中による地域産業の衰退、雇用の問題、少子化問題、子育て環境の問題、子供の相対的貧困、超高齢化に伴う介護や福祉の問題や「老後貧困」の問題などなどさまざまな社会問題が山積しています。

現在、日本の高齢者全体の４分の１にあたるお年寄りと、子供の７人に１人が相対的貧困にあります。日本の相対的貧困は、１日平均約300円程度の暮らしです。

日本の「老後貧困」と子供の相対的貧困は、経済的な量的な貧困状態を示す語です。

一方、質的で社会的な貧困状態を表わすものとして「**社会的排除**」（**ソーシャル・イクスクルージョン Social Exclusion**）という語があります。『子どもの貧困』の著者として知られる阿部彩先生によれば、社会的排除は、相対的な貧困がきっかけとなって陥ることが多く、たとえば、経済的な資源不足は、国民年金や国民健康保険料、町内会費などの未納状態を招き、社会のセーフティネットから脱落していきます。次第に人間関係も希薄になり、安全な住まいや正規雇用の職を得ることも難しくなり、徐々に社会の周縁へと押しやられていくような悪循環に陥ります。このような状況を示すのが**「関係からの排除」「仕事・役割からの排除」「場所からの排除」**の状態です。

一方、「関係からの排除」に対して**「つながり」**があること、「仕事・役割からの排除」に対して何らかの**「役割」**があること、「場所からの排除」に対して精神的な意味でも物理的な意味でも**「居場所」**があること。これら「つながり」「役割」「居場所」は、社会的排除の対概念、**「社会的包摂」（ソーシャル・インクルージョン Social Inclusion）**の３つの基盤とされ、すべての人が尊厳ある生き方を保てる社会の基盤となるものです。弱者の人々を包む社会、人が他者とつながり、お互いの存在価値を認め、そこにいるのが当然であると認められた場、それがいわゆる“インクルーシブな社会”と表現されています。

こうした背景から、日本政府は、SDGs やパリ協定をはじめとする国際社会の動向や枠組みをふまえつつ、地域諸問題の解決を視野に入れた**「持続可能な地域づくり」**という発想で持続可能性の創出に取り組んでいます。それはたとえば、「SDGs 未来都市」や**「地域循環共生圏」（ローカル SDGs）**などの構想に示されています。

コラム⑧「ローカルSDGs」と「ゼロカーボンシティ」

日本では、2018年４月に閣議決定した「第五次環境基本計画」において、国連「持続可能な開発目標」（SDGs）や「パリ協定」といった世界を巻き込む国際的な潮流や複雑化する環境・経済・社会の課題をふまえ、複数の課題の統合的な解決というSDGsの考え方も活用した「地域循環共生圏」を提唱しました。

「地域循環共生圏」とは、別名「ローカルSDGs」とも呼ばれ、各地域が美しい自然景観などの地域資源を最大限活用しながら自立・分散型の社会を形成しつつ、地域の特性に応じて資源を補完し、支え合うことにより、地域の活力が最大限に発揮されることを目指す考え方です。

「地域循環共生圏」は、農山漁村も都市も活かす、我が国の地域の活力を最大限に発揮する構想であり、その創造によりSDGsやSociety５.０の実現にもつながるものです。「地域循環共生圏」の創造による持続可能な地域づくりを通じて、環境で地方を元気にするとともに、持続可能な循環共生型社会の構築をめざしています。

情報源：環境省ローカルSDGs・地域循環共生圏づくりプラットフォーム公式サイト　http://chiikijunkan.env.go.jp

一方、「ゼロカーボンシティ」とは、「2050年までにCO2（二酸化炭素）の排出量を実質ゼロにすることを目指す旨（脱炭素化）を、首長もしくは地方公共団体から公表された都道府県または市町村」のことを指しています。

「ローカルSDGs」の取り組みとも密接なかかわりを持ちながら地方自治体がそれぞれ地域固有の脱炭素社会に向けての具体的な目標を掲げています。

たとえば、2020年２月に「ゼロカーボンシティ宣言」をした福島県大熊町は、「原発事故を経験した町だからこそ、原発や化石エネルギーに頼らず、地域の再エネを活用した持続可能な町づくりに取り組み、我々の子ども、孫たちが誇りをもって語れる町を目指す」ことを理念としています。具体的な施策の方向性として、以下の３つの柱を掲げています。

１．創る：地域資源を活用したエネルギー創出（太陽光、風力などの自然エネルギー）。
2．巡る：地域内循環システム構築（スマートコミュニティ、再エネ100％産業拠点、地域新電力など）。
3．贈る：持続可能な大熊を将来世代へ（SDGsと教育、社会的起業家支援など）。

情報源：環境省「2050年二酸化炭素排出実質ゼロに向けた取り組など」（2023年１月31日）　https://www.env.go.jp/content/000109016.pdf

エコ実践８……日本の地域づくりに学ぶ

バイオマス産業都市・環境モデル都市 岡山県「西粟倉村」

西粟倉村は人口約1,600人ほど、面積の95％を森林が占める小さな山村です。森林の85％が人工林で、約50年間大切に受け継がれてきた森林という資源を後世に伝えるために、2008年に「百年の森林構想」を策定し、木質バイオマスの活用などにより、エネルギー自給率100％を目指しています。

人工林は野放しの状態で放っておくと枝葉が増えすぎて光が地面まで届かなくなります。その結果下草が生えず、深刻な土砂災害をまねく原因になりかねません。また、密集しすぎた木々は成長が遅れ、年月が過ぎても細いままで、木材として一本あたりの材量が少なくなってしまいます。それらを回避し、良質の森を作るために適切な間伐をし、光の入る森を維持することが求められます。しかし、山の斜面はモザイク状にそれぞれ異なる所有者がいたり、高齢化で山の手入れができなくなったりすることで、森林全体を良質に守り継承するというのはなかなか難しいことなのです。

西粟倉村の木造幼稚園

そこで西粟倉村では、役場が森林所有者から森林を預かり、森林の間伐、作業道整備を実施するなど、より良い森林を育み、後世に伝えるためのさまざまな取り組みを行ってきました。また、ローカルベンチャーやIターンを積極的に受け入れ、森の再生を通じた地域経済の活性化をはかり、地域の資源に経済的価値をもたらして十分に活かす企業が設立されました。現在は、役場とローカルベンチャーが協働しながら、地域の経済につながるような、木材の加工、流通を事業として展開しています。

情報源：西粟倉村役場公式サイト
https://www.vill.nishiawakura.okayama.jp/wp/百年の森林構想/

【第8章の注※について】

※1（P142） 日本カトリック司教団 2017『いのちへのまなざし 増補新版』p.82「すべてはつながっている」50項より引用。

【第8章の参考文献】

＊教皇庁 正義と平和評議会『教会の社会教説綱要』(COMPENDIUM OF THE SOCIAL DOCTRINE OF THE CHURCH) カトリック中央協議会 2009
＊国際連合広報センター https://www.unic.or.jp
＊国際連合SDGs「THE 17 GOALS」 https://sdgs.un.org/goals
＊「地域循環共生圏ポータルサイト」環境省ローカルSDGs～地域循環共生圏づくりプラットフォーム～ http://chiikijunkan.env.go.jp/
＊地球環境パートナーシッププラザ（GEOC：Global Environment Outreach Centre）
http://www.geoc.jp/epo-network
地球環境パートナーシッププラザ（GEOC）は、環境省と国際連合大学が共同で運営する環境パートナーシップ拠点。地域のNPOとの協働で設置された全国8か所の「地方環境パートナーシップオフィスEPO」とともに、環境・NPO・パートナーシップに関する情報やさまざまなノウハウやネットワークを共有。課題の共有や情報交換を通じて、全国のネットワークづくりを行っている。
＊阿部彩『子どもの貧困——日本の不平等を考える』(岩波新書No.1157) 岩波書店 2008
＊阿部彩『弱者の居場所がない社会——貧困・格差と社会的包摂』(講談社現代新書) 講談社 2011

第９章
ライフスタイルの転換とささやかなエコ実践

1. いつくしみのわざとしてのエコ実践

『ラウダート・シ』の考え方において、「エコ実践」は、被造物すべてのいのちを守りいつくしまれる神のまなざしに参加できるよう願うことでもあります。また、言い換えれば「総合的な（インテグラル）エコロジー」に向かう歩みでもあるでしょう。日本のカトリック司教団は、『いのちへのまなざし』のなかで、次のように述べています。

> わたしたち一人ひとり、被造物すべてのいのちをやさしさといつくしみをもって見守る神のまなざしが、わたしたち一人ひとりのまなざしとなり、すべての人が与えられたいのちを十全に生きることができるよう願って、このメッセージを送ります。
>
> (日本カトリック司教団　2017　『いのちへのまなざし【増補新版】』 p.8)

回勅を発表した翌2016年９月１日、教皇フランシスコは正教会にならって、環境保護のための助けを願う「**被造物を大切にする世界祈願日**」を制定しました（日本では９月の第１日曜日）。以来、毎年９月１日には「被造物を大切にする世界祈願日メッセージ」が出されていますが、最初の祈願日メッセージは、『ラウダート・シ』の概要版のような構成になっており、回勅を読むための大きな助けになります。

そのなかで、教皇は「いつくしみのわざ」によって、環境保護が信仰生活にとってなぜ大切で、何をすべきかを説いておられます。

> いつくしみのわざほど、わたしたちを神と結びつけるものはありません。いつくしみによって、主はわたしたちをゆるし、ご自分の名のもとにいつくしみのわざを行う恵みを与えてくださるからです。

> キリスト者の生活には、伝統的な身体的な慈善のわざと精神的な慈善のわざの実践が含まれます。……いうまでもなく、「人間のいのちそのものと、そのいのちに含まれるすべてのもの」のなかには、わたしたちの共通の家を大切にすることが含まれます。したがって、七つのわざからなるこの二通りの伝統的な慈善のわざに一つ、補足することを提案させてください。慈善のわざに、「わたしたちの共通の家を大切にすること」が含まれますように。

教皇は、「飢えている人に食べさせること」をはじめとする７つの「**身体的な慈善のわざ**」と、「悲嘆に打ちひしがれている人を慰めること」など７つの「**精神的な慈善のわざ**」という二つの伝統的な慈善のわざ各々に「**ともに暮らす家を大切にすること**」を付け加えるよう、次のように勧めています。

> 精神的な慈善のわざとしての「わたしたちの共通の家を大切にす

> ること」は、「神の世界を感謝のうちに観想すること」（LS.214）を必要とします。その観想は、「神がわたしたちに届けようとお望みになる教えを、一つ一つのもののなかに発見させてくれます。」（LS.85）
>
> 身体的な慈善のわざとしての「わたしたちの共通の家を大切にすること」は、「暴力や搾取や利己主義の論理と決別する、日常の飾らない言動」（LS.230）を必要とします。このわざは、「よりよい世界を造ろうとする一つ一つの行為において感じられます。」（LS.231）

このように、具体的なエコロジカルないつくしみのわざが示されています。精神的ないつくしみのわざに加わった新しい愛徳からは、神への感謝や祈りもエコロジカルな実践だとわかります。身体的ないつくしみの新しい愛徳からは、身近な隣人への日常のささやかな声かけや配慮もエコロジカルなあり方の重要な部分を担っていることが示されています。

この教皇のメッセージは、狭い意味での直接的な自然保護活動のような取り組みだけでなく、これまで行ってきた日々の祈り、隣人へのささやかな配慮や気遣いから、困難を抱える人々への支援、平和を築くための小さな行為から大規模な行動まで、そして文化や芸術を味わうこともあらゆることが「総合的な（インテグラル）エコロジー」というまなざしで評価できると伝えています。

この意味で、何か新しいことをはじめるだけでなく、私たち一人ひとりが自分自身のこれまでの歩みを「総合的な（インテグラル）エコロジー」のまなざしで捉えなおし、再評価することも大切なことです。そして、一人ひとりがそれぞれの形でできるささやかなことを感謝のうちにささげていく、地味で地道な日々の歩みこそが環境保護実践の原点なのだと思います。教皇フランシスコは、ささやかなエコ実践の意味を次のように語っています。

> たとえば、プラスチックや紙の使用を避けること、水の使用量を減らすこと、ゴミを分別すること、食べられる量だけを調理すること、他の生き物を大切にすること、公共交通機関を利用したりカー・シェアリングをしたりすること、植林をすること、不要な電気を消すこと、また、ほかにも実践例はいくつも挙げられます。こうした例はすべて、人間のなかにある最善のものを引き出してくれる、寛大で価値ある創造性を反映しています。正しい理由でなされるならば、すぐに使い捨てずに再利用することは、わたしたちに固有の尊厳の発露たる愛の行為となりうるのです。(LS.211)

2.「ライフスタイル」と家庭からのささやかなエコ

教皇は、「総合的な(インテグラル)エコロジー」に向かう歩みのなかで、家庭での日々の生活がきわめて重要な役割を担っていると説いています。

> ……家庭が非常に重要であることをここで強調したく思います。……わたしたちはまず家庭のなかで、いのちに対する愛と敬意の示し方を学び、また、物を適切に利用すること、整頓することと清潔にすること、地域の生態系を尊重すること、すべての被造物を気遣うことを教わります。家庭のなかでわたしたちは、人格的成熟における調和のとれた成長を可能にする全人的な教育を

受けるのです。(LS.213)

多くの人々にとって、家庭は、衣食住にかかわる消費生活の基盤というだけでなく、私たちが人として他者や地域社会や自然やさまざまな物事とのかかわりを学ぶ原点のような場であり、より良く変わっていくという意味での「人間の成長」の場でもあります。

私たちは、生まれて間もなく乳幼児期における最も身近な親しい他者とのかかわりのなかで、いかに行動することが期待されているか、いかに行動すればよいかを学んでいきます。こうした社会化の初期段階では、家族とのかかわりが日常の大部分を占める**家庭が子供にとっての"生きる環境"の全てです**。日常生活の衣食住のあらゆる場面で、何を手に取り、どのように扱って、要らなくなったものをどのように捨てるのか。手にした物がどこからどのように自分のもとにやって来たのか、自分の手を離れる物がこの先どのようにその役目を終えていくのか。そんな目に見えない"物の背景"に思いを馳(は)せられるか否かは、学校の教室で環境問題についての知識を吸収することで身につくものではなく、日常的な親のふるまいや家族とのかかわりから自然に吸収していくものだと思います。

また、社会全体のなかの最小単位である自分の家庭が、どのように地域社会とかかわっているかは、子供たちが将来、自分が属する地域社会やその持続可能性の創出のプロセスにどのようにコミットしていくかの原型をつくるといっても過言ではないと思われます。各家庭が地域の広報や町内会活動、ごみステーションの管理、お隣の独り暮らしのお年寄りに無関心でいて、世界全体の環境問題の解決に心を砕くのは難しいでしょう。

『ラウダート・シ』には24回も「**ライフスタイル**」という語が登場します。ライフスタイルとは「**生活様式**」のことです。エコロジカルな回心は、個人と集団の両方の次元での刷新を求めていますが、個々人のライフスタイルの転換は、社会全体の大きな変革の基盤になります。また、社会全体の問題でありながらも、一人ひとりのライフスタイルの転換を求められているのは、結局のところ社会とは人々が形成し両者は分かちがたくむすびついているからです。科学技術やインフラや産業、政策など社会基盤のあり方を決定づけたり、大量消費を通じて大量生産を促したりしているのは私たち一人ひとりであり、それらを転換する**人間の考え方は「内的な環境」にかかっています。**

そして、「ライフスタイル」の変化を目指すのは、一つひとつの環境問題がそれぞれ独立して存在しているのではないからです。

公害や原発、災害復興など、人々が一丸となって社会に対して声を上げていかねばならない諸問題は別として、小さなことの積み重ねで知らず知らずのうちに拡大していくような日常生活由来の諸問題などは、問題自体目に見えず、捉えにくいものです。こうした問題は、問題そのものの解決よりも、さまざまな物事の相互連関的な関係性を癒やすことで改善されることが少なくありません。さまざまな物事のつながりや関係性というのは、地域の固有性に根ざした「生活」という「面」で捉えたなかに包括されるからだと思われます。

私たちは今では、毎日、地球の地表で40万発ものヒロシマ級の原子爆弾が爆発するときに放出される熱エネルギーに匹敵するほどの余分な熱エネルギーを、大気中にとらえているのである。私たちは、大きな惑星の上に暮らしている。しかし、それは想像を絶する規模の熱エネルギーだ。

（アル・ゴア『不都合な真実２』p.44　実業之日本社）

日常生活のあれこれは“大海の一滴”のようなものですが、一人ひとりのささやかなエコ実践、それを促すライフスタイルの転換は、あらゆるものを変革する力も秘めています。

こうした努力では世界は変えられないだろう、と考えてはなりません。そうした努力は気づかれないこともしばしばですが、目には見えずとも必ず広がるであろう善を呼び出すがゆえに、社会にとって益となります。さらにまた、そうした行いが、わたしたちに自尊心を取り戻させることもあります。また、より充実した人生を送らせ、地上の生活が労苦に値するものと感じさせることもできるのです。(LS.212)

残念ながら、習慣となってしまったライフスタイルは容易に転換できるわけではありませんが、その一方でライフスタイルは、実に簡単に無自覚のうちに変えられているということも覚えておかねばなりません。個々人の人生観や信仰や信条、大切にしていることなど価値観はそれぞれ異なっているのに、日常の暮らしを支える「衣・食・住」をはじめとする日々の生活は、その時代の社会の大きな影響を知らず知らずのうちに受けています。

たとえば、最近まで世の中に「スマホ」などありませんでしたが、今ではスマホは多くの人々にとって、日常生活になくてはならないものになりました。SNSやネット通販から行政サービス、働き方まで、社会全体がスマホやチャットボットなどのＡＩ機能に大きく依存しています。個々人の日常生活でも、情報への接し方から人々とのつながり方、勉強の仕方や遊び方まで大きく変わりました。学生たちは、四六時中スマホを握りしめ、キャンパスでも常に“電池切れ”を心配してコンセントを探し、常に情報を検索し続けています。

だからこそ、それぞれの家庭で、無自覚な自身のライフスタイルを意識的に眺め、ほんのささやかなことでも、繰り返し、繰り返し立ち止まってふり返る機会を意図的に持つことが重要なのです。

また、ライフスタイルやエコ実践に限らず、日常生活のあらゆる場面であらゆることに自覚的になる、すなわち“教育的なまなざし”で暮らしていくことは、将来的に個人のライフスタイルの転換から、集合体のライフスタイルの転換に展開するための大きな力になるでしょう。自覚的になることで、良かったことからも悪かったことからも学びを見いだすことができますし、何らかの学びを意識したら、それを体験として他の人々と分かち合ったり、経験知として継承する形にしたりできるようになります。

小さなエコでも、そのプロセスを客観的にながめ、自分自身の心の動きや気づきに目を向ける習慣ができれば、それが一つの“エコ実践の体験”、“体験から得たエコ知識”になっていき、自然に仲間に伝えるようになっていきます。エコとは頭で考えるものではありません。こうした意識的な暮らしの積み重ねがあれば、知らず知らずのうちに環境負荷が大きくなっていく変化に気づきやすくもなるものです。

この意味で、エコ実践も、環境教育実践も、環境保護や自然保護活動も、必ずしも何か特別の機会を計画して行動を起こす必要はないと思います。活動の理念や趣旨や計画などを先に準備してはじめる必要もありません。すごいこと、かっこいいこと、他者から評価されることをする必要などどこにもありません。

「小さなエコ活動」、たとえば、自然に触れること、日々の食事に感謝しゆっくり家族で味わうこと、できれば家族で食卓を囲む機会を増やすことから、水を汚染しないこと、合成洗剤の使用量を減らすこと、節水、節電、ゴミの量を減らす工夫や食べ残しを減らすこと、何かを購入するときはできるだけ国産の製品かフェアトレードのものを選ぶこと、ファストファッションを控えたり、地産地消・旬産旬消にこころがけたりするといったことなど、意志さえあれば特別の知識や準備がなくてもできる小さなことを、365日意識的に日常のなかで重ねていく、これがライフスタイルの転換の基本なのです。

3. 地域アイデンティティと「グローカル」

エコ実践や環境教育実践では、しばしば「**Think Globally, Act Locally**」（地球規模で考え、地域から行動せよ）というフレーズが使われます。これは、1970年代の環境教育の国際会議以降、広く使われるようになった言葉です。

環境教育は、世界中の多様な地域にそれぞれ固有の実践の系譜がありますが、世界で初めて国際会議の場でその重要性が確認されたのは、1972年の「国連人間環境会議」（通称「ストックホルム会議」）のことでした。その後、1975年、環境教育をテーマとする初めての国際会議「環境教育国際ワークショップ」（通称

「ベオグラード会議」）が開催され、さらにこの会議成果をもとに1977年には「環境教育に関する政府間会議」（通称「トビリシ会議」）が開催されました。

これら二つの環境教育の国際会議によって、最初のグローバルな環境教育の枠組みが形づくられました。1975年の「ベオグラード会議」では、会議の成果文書として「ベオグラード憲章」という文書が出されています。その文書では、環境行動（原文 Environmental Action）の目的は「人と自然、人と人との関係を含めた、すべての生態学的関係の改善」であると明記されています。1977年に開催された「トビリシ会議」の成果文書である「トビリシ宣言」では環境教育の基本目的がいくつも示されていますが、そのひとつに**「環境問題の解決のために、環境の保護を保証する世界、いわば世界平和の確立を目指す**」と記されています。

また、この国際会議で出された会議文書には、俯瞰的に地球規模で環境問題を捉えつつ、地域の固有性をふまえた視点が示されていることから、「トビリシ会議」以降、「Think Globally, Act Locally」（地球規模で考え、地域から行動せよ）というアプローチが意識されるようになりました。

環境問題にかかわるさまざまなドキュメントにおける具体的な行動指針などの部分で、さまざまな箇所に「international」、「national」という語が「regional」や「local」と対になって使われています。ここから、近年の日本ではアプローチとしての「**グローカル**」という造語も用いられるようになっています。

1970年代の国際会議以降、環境教育の考え方やその実践は、環境問題の構造的な変化とともに発展的に変化していますが、人間関係をふくむ「つながり・かかわり・関係性」で捉える視点や、世界の平和を築く歩みとしての広義の環境教育の考え方や、"Think Globally, Act Locally" という視点は今も多くの示唆を与えてくれています。

グローバルな視点では、**私たちの誰もが地球市民（グローバルシチズンシップ）であると同時に、ローカルな地域社会の住人として地域に根ざして暮らしています。**近年、SDGsの登場をきっかけにThink Globally, Act Locallyという言葉は、地球全体で一丸となって世界中の人々と連携・協働しつつ、地域の人々がそれぞれ主役となって、持続可能な地域を担っていこうという「**市民性**」（**シチズンシップ**）を育む上でも重視されるようになっています。

ところで、地域とはどのような場でしょうか。どのような地域にも、固有の地形や地質などの地勢的な特性が築かれ、植生や気候や風土など生態学的な固有性があります。また、これらと密接にかかわりあった産業構造や人口構成、家族形態など社会的な側面があります。

地域の自然環境は、その地域の人々が自然との適切なかかわりを維持することで守られることは言うまでもありませんが、適切なかかわり方は、通常は地域の固有の文化のなかに見出すことができます。

また、地域には必ず"過去"の歴史があります。固有の文化が大切なのは、その継承によって地域の同世代の多様な人々のつながりや、世代間の人々のつながりを紡ぎつつ、地域の持続可能性を受継ぐ伝統的な知恵が生かされていくからでしょう。

この意味で、**地域とは、"人と自然とのかかわりの歴史"の舞**

台でもありますから、何らかのエコ実践を考えるとき、これら**地域の生態系の固有性や社会・経済的、文化的、歴史的な固有性にも配慮した足下からの取り組みが不可欠**なのです。

ライフスタイルの転換について考え、エコ実践に取り組むとき、私は、「**Global グローバル**」**という語を、一般的な意味での地球の空間的、地理的な横軸の広がりにだけではなく、時間的、歴史的な縦軸の広がりにもあてはめて捉える**ことにしています。そうすることで、自分が根ざす「Local ローカル」な身近な地域社会は、単に「ここ」という地球上の場所の一つを示す物理的な意味だけでなく、おのずとその場所に時代という縦軸が視野に入ってきます。時間軸を意識することで、私たちの暮らしが根ざすこの地域の"現在"には、"未来"があることが自ずと意識されます。**私たちの日常生活は、未来につながる地域の「いま」「ここ」にあるという意識が、過去へのリスペクトや感謝と同時に、未来への責務を意識させてくれます。**これが、一人ひとりが持続可能な社会の担い手となっていく、ささやかだけれどもかけがえのない思いの原点になると信じています。

最終的に環境教育的なまなざしが目指すのはこうした私たちの生き方、あり方への意識転換であって、「地域に根ざす」とは、地域固有の生態系と人々、そのかかわりの歴史を大切にするということです。地域の歴史や文化の尊重は、私たちが持続可能な地域の担い手として自覚的にかかわるために不可欠な、「**地域愛**」「**地域アイデンティティ**」**を育む**ことにねざしています。

環境教育実践において、ふだん意識することのない自分の街の魅力を再発見し、そのルーツをたどるような企画や、「地域おこし」的な企画がしばしば見受けられます。これは場所への愛情と地域の人々への愛情を育み、「**自分と地域とのかかわり、絆を結び直す**」ことがねらいの一つです。

私たちは、通常、愛するもの好きなものを大事にしたいと思います。たとえば好きな服、あまり好きではない服と自分とのかかわりを比べたら、それぞれの洋服の運命には大きな差が生じます。地域、暮らす街も同じことで、自分が根ざす街を誇りに思えたり、好きだと思えたり、いつまでも住み続けたいと思ったりできないのに、地域の持続可能性のために力を注ぐのは難しいからです。

この意味で、本質的には環境教育とは環境問題を知ることばかりではなく、本来の環境を知ったり、愛すべき価値、守るべきものを見出したりすることでもあるのです。

> 自然という遺産と同様、歴史的、芸術的、文化的な遺産も脅威に曝されています。こうした遺産は、おのおのの場所で共有されているアイデンティティの一部分であり、住むに適した都市を建設する際の土台です。それは、今ある都市を取り壊して、環境には優しくとも、住むことにおいては魅力的とは限らないような、新しい都市を建設するということではありません。むしろ、それぞれの場所の歴史、文化、建造物を取り入れて、その場所固有のアイデンティティを維持する必要があるのです。……（中略）……文化は、過去からの継承以上のものです。それは、何にも増して、生き生きとした、動的な、参加型の今ここにある現実であって、人間と環境とのかかわりの再考にとって外すことのできないものでもあるのです。（LS.143）

コラム⑨ 食べられる町「インクレディブル・エディブル」

イギリス北部にあるトッドモーデンという人口１万5000人足らずの小さな町は、かつて人口が減少し、衰退しはじめて心配されていた町です。その後、2008年にたった３人の住民からはじまった画期的な「食べられる町（インクレディブル・エディブル）」の取り組みです。今では、持続可能な地域の一つのモデルとして世界中から注目を集めています。

トッドモーデンの市民パム・ワーハースト氏は町の衰退を憂慮し、多様な人々がつながりを取り戻せるよう町を活性化させたいと願っていました。そこで、友人らとともに、住民集会で「食べ物」を軸にアイディアを出し、大通りの道端や空き地や駐車場、行政の建物、警察署の前などのスペースに野菜など食べることができる植物を植えはじめました。これらは自由に誰もが採って食べることができ、“食べられる町づくり”を通じて、知らない人同士が町のあちこちで、野菜について語り合ったり、これまでかかわりのなかった立場の人々が食べられる野菜をテーマに自然と話をするようになったりしています。

数名の市民から突然はじまったこの取り組みに、当初は困惑していた行政側もしだいに市民の取り組みを容認するようになりました。

こうした人と人とのつながりこそが、トッドモーデンがコミュニティとして回復し、持続可能な地域と言えるようになるための最も大きな収穫だと言えるのではないでしょうか。

その後、都市を食べられる森にしていく「アーバンファーミング」という取り組みが世界中で大きなムーブメントとなっています。

もともと中国の上海やエジプトのカイロなど、世界の各地の個人の庭やベランダなどの限られた場所を利用した「都市農業」は古くからおこなわれていたようです。近年の「食べられる町」のインパクトによって、地産地消や環境保全、景観の創出、交流の創出、食育や環境教育の機会創出、防災機能など、多面的な機能を発揮するものとして、新たに「都市農業」への期待が高まっています。日本でも、建物の屋上や公園などの場所での菜園づくりなどの「コミュニティ・ガーデン」が広がりはじめています。

情報源：2013年１月８日（火）TED 日本語（TEDSalon London Spring 2012）「パム・ワーハースト：食べられる景色がある町づくり」
https://digitalcast.jp/v/14954/

シリル・ディオン、メラニー・ロラン監督　DVD『Tomorrow パーマネントライフを探して』　フランス映画　紀伊國屋書店　2017

エコ実践⑨……………………………………身近な人々に学ぶ

東京都「オトナ食堂」NPO Kiitos の青少年の居場所づくり

子どもたちの「居場所」であるべき家庭が、さまざまな状況によって大きく変化しています。日本の子供の7人のうち1人が相対的貧困にありますが、その背景にあるのは、相対的貧困家庭の増大です。同時に、経済格差、教育格差が拡大するなかで、核家族化も進んでいます。そんななかで、日本の各地に「子ども食堂」の取り組みが拡大し、地域全体で子どもたちを見守り、必要なケアを提供しつつ、また大人たちも地域に貢献できる役割を得るという循環が生まれる土壌が広がっています。

一方で、生きづらさや家庭の問題などの困難を抱えた青年たちの受け皿は、子ども食堂に比べるとはるかに少ないのが現状です。

地域社会や家庭、学校のあり方の急激な変化は、経済的、精神的余裕のない親子のかかわりが崩れはじめ、親の子に対する過干渉あるいは無関心、虐待へとつながる可能性を増大させています。居場所を失った子供たちは、ひきこもり、不登校、徘徊（はいかい）、非行などの問題を抱えることになります。

心をかわすオトナ食堂のキッチン

他人とかかわることを苦手とし、殻に閉じこもる傾向のある思春期の子供たちは、本来、大人と子供の世界を行き来しながら、家庭や学校、地域で育っていくものです。しかし、不安を抱え居場所を探し続ける子供は増えています。

オトナ食堂は彼らの叫びをしずかに受け止め、受け入れ、一人ひとりをどのように支えられるかを模索し、彼らが「生きる」意味を見いだし、「自立」への手助けをするための青少年の居場所です。

Kiitosは、子供たちが多くの仲間や大人に出会い、互いに支えあい、独りでないことを感じ、信じあえる環境を作り、少しの経験をとおして達成感を感じ、そして、悩みながら、生きていく目標を見つけ、生きるための力をつけられるようにと取り組んでいます。

情報源：NPO Kiitos代表 白旗眞生さんへのインタビューおよび公式サイト
http://kiitos.org/

【第９章の参考文献】

＊教皇フランシスコ 『回勅　兄弟の皆さん』 カトリック中央協議会　2021
＊環境省公式サイト「総合環境政策」―「環境教育・パートナーシップ」より「環境教育に役立つ情報サイト環境学習STATION」http://eco.env.go.jp
＊文部科学省「環境教育」 https://www.mext.go.jp/a_menu/shotou/kankyou/
＊JEEF日本環境教育フォーラム（JEEF：Japan Environmental Education Forum）
https://www.jeef.or.jp
＊東京都教育委員会「環境教育掲示用教材・補助資料〔SDGs〕」（令和２・３年度）
https://www.kyoiku.metro.tokyo.lg.jp/school/content/environment/bulletin.html
＊枝廣淳子 『レジリエンスとは何か―何があっても折れないこころ、暮らし、地域、社会をつくる』 東洋経済新報社　2015

第10章
より良く変わっていくために
―環境教育と信仰―

1.「価値教育」としての環境教育と多様なあり方

教皇は、エコロジーの倫理を発展させ、また、効果的な教育を通して、連帯と責任と、思いやりをもって大切にする心を育むことを助ける環境教育が必要であると述べています。(LS.210参照)

一般的にも、「環境教育とは、環境問題について教えることではありません」※1と述べられるように、環境問題を知ることだけが必ずしも、私たちがエコロジカルに生きることを促すわけではないことは、既にさまざまな研究によって示されています。何よりも、いっこうに環境問題がなくならない現状が、環境教育が一筋縄ではいかないことを証明しています。

環境教育の考え方や展開は多種多様ですが、一般的に環境教育のねらいは環境問題の軽減と未然防止であるとされています。このことを否定する人はほとんどいないと思われますが、どのような状態を問題と認識するのか、環境問題の原因をどこに見いだすのか、「自然」や「環境」「エコロジー」といった言葉をいかに捉えるのかは、人それぞれの考え方によっても異なります。

本来なら、環境問題のない状態の自然環境、社会環境、生活環境など、目指すべき環境のビジョンがあるからこそ、問題の理解が可能になるのではないでしょうか。問題のない状態での、人と人、人と自然とのかかわりとはどのようなものなのでしょうか。さらに、環境教育の“教育”とは何でしょうか。どのように学べば、私たちは環境問題の軽減に積極的に取り組めるようになったり、環境問題のない社会の担い手になれたり、エコロジカルに生きられるようになるのでしょうか。

また、仮に、環境問題のない社会はどうあるべきかビジョンを描いたりすることはできたとしても、必ずしも頭で描いたあるべき状態や、知識として知り得たビジョンや理念を、実際に生きられるようになるとは限りません。私たちは、客観的に理解できることを、主体的に生きられるとは限らず、思うことと言動を一致させることは容易ではないのです。

つまり、環境問題にかかわるとき最終的に問われることは、私たち自身が、あるべき状態へといかに変われるのか、いかにともにより良く変化していくことができるのか、生きる価値の問い直しが迫られます。この意味で、しばしば環境教育とは「価値教育」と呼ばれています。また、あるべき状態に向けていかに善き変化をもたらすことができるのか、いかによりよく生きていけるように変われるのかという教育上の課題が、環境教育の中心的課題の一つでもあるのでしょう。

一般的には、環境教育は目的やテーマやねらいや主催者の立場(国際的な枠組みの下での実践か、行政主導型の実践か、公教育の場での実践か、インフォーマルなものか、など)、対象者の年齢や属性、人数や規模、場所や場面、地域や生態系や文化・風土、カリキュラムや実践プログラム、手法、教育の考え方、評価尺度などなど、どのようなコンテクストでの実施かによって、その実践形態は大きく異なります。

前章でも述べたように、一般的には、環境教育に関する1970年代の国際会議で、環境行動（原文 Environmental Action）の目的は「人と自然、人と人との関係を含めた、すべての生態学的関係の改善」であると明記され、「人間―自然」、「人間―人間」関係がクローズアップされるようになりました。人と自然とのかかわりの問題である環境問題は、人と人とのかかわりの問題も不可分であると理解されていることがこの背景にはあります。

しかし、環境問題は人間主体の問題であり、人間は精神的で霊的で超越的な次元に開かれた存在でもあり、私たちには内的な環境があります。内的な環境と人間に外在する外的な環境は、境界線を明確にできるようなものではなく、内外のつながりとダイナミックなかかわりがあります。

このことをふまえれば、「**内なる自分との関係**」も重要な関係軸です。また、人間と自然を含むすべての被造物の存在の根拠としての「**神とのかかわり」は、さまざまな関係性のあるべき状態の根拠であり、いのちの根源**でもあります。

この意味で、**回勅『ラウダート・シ』に依拠する環境教育は、自然・他者・自己・神とのかかわりをふまえたキリスト教ヒューマニズムにおける「全人的人間観の涵養としての教育」（全人教育）にその固有性がある**と言えるでしょう。そして、全人教育において、あらためて、自然と人間のかかわりを主題化していくところに環境教育としてのアプローチの可能性が広がっていきますし、後述（本章第３節）するように環境教育の信仰教育的展開の可能性も期待できます。もともと、公害教育や自然保護教育という二つの系譜を持つ日本で、環境教育といえば「公害教育」のように「環境問題を知り、エコ実践を考える」実践がイメージされる一方で、「自然体験」、「美化活動」、「自然保護活動」といった参加・体験を促す意識啓発活動が思い起こされます。具体的には、たとえば「ごみ問題」の現状を知って、3Rを学び、4Rや5Rを考えたり、リサイクル促進のアイディアを考えたり、実践するワークショップを行ったり、自然との触れ合いを通じて自然を大切にするための意識啓発を行ったりするといった機会です。

近年では、ESDやSDGsの取り組みと紐づけした形で、学校、行政、企業、市民団体など社会の多様な主体と連携する機会も増えてきました。

貧困問題や人権問題など多様なグローバル・イシューへの横断的な取り組みとの連携・協働、既存の開発教育や異文化理解教育、多文化共生教育、エネルギー環境教育や食育、住環境教育、消費者教育など、既存の「○○教育」との横断的な実践機会も豊かに展開されるようになっています。

環境教育の多様な取り組みには、たとえば以下のようなものがよく知られています。

幼児の環境教育、感性教育、野外教育、自然保護教育、故郷教育、公害教育、水環境教育、森林教育、エネルギー環境教育、3R教育、住環境教育、香育、食育、消費者市民教育、エシカル消費、スローフード、動物愛護・動物福祉。

シチズンシップ教育、グローバルシチズンシップ教育、レジリエンスのための教育、持続可能な地域づくりの担い手を育む教育、

ESC 持続可能な消費のための教育、EfS 持続可能性のための教育、ESD 持続可能な開発のための教育（持続可能な発展教育）。開発教育、平和教育、人権教育。SDGs 達成に向けての環境教育、国際理解教育、異文化理解教育、多文化共生教育。

その他、インターンシップの活用やローカルベンチャーなど実際の町おこしや地元地域の持続可能性の創出に取り組むプロセス自体を教育プロセスと見なし、地域づくりと人々の育成を同時に成しうるプロジェクトを意図的に創出しようとするケースも各地で展開されています。

こうしたプロセスは、参加者である地域住民の地域へのアイデンティティを高め、地域内の人と人とのかかわりを再生させ、社会関係資本と自然の持続可能性を同時に育んでいくところに大きな可能性がうかがえます。

2.「感受性」を育む環境教育

一方で、教皇は、回勅で環境教育について説くなかで「美しさ」への感受性を高める意義を次のようにも述べています。

> 「美しさへの関心を高めるような教育と健康な環境の保全とに関連があることを見逃してはなりません」。美に目を向けそれを味わう学びによって、わたしたちは利己的な実用主義を退けることを学ぶのです。美しいものに心奪われて立ち止まることを知らない人が、平然とあらゆるものを利用し濫用の対象物として扱ったとしても、驚くにはあたりません。(LS.215)

また、2020年９月１日「被造物を大切にする世界祈願日」教皇メッセージでも、使徒的勧告『愛するアマゾン』を引用しながら、次のように呼びかけられています。

……わたしたちを造るのに用いられた大地は、祈りと黙想の場です。「神がわたしたちに授けてくださる……美的感覚と、観想的感覚とを呼び覚ましましょう」（使徒的勧告『愛するアマゾン』56）。驚嘆し、観想する力は、大地と、そこにいる多種多様な生物と調和して生きている先住民族の兄弟姉妹からこそ、教わることができるのです。[※2]

『沈黙の春』で世界的に著名なレイチェル・カーソンは、『センス・オブ・ワンダー』で、自然に触れ、自然を五感で味わい、その美と神秘に驚嘆し、畏怖や畏敬の念を抱く体験の価値を伝えています。しばしば、そのような体験を通じて、神秘さや不思議さに目を見はる感性、**“センス・オブ・ワンダー”**を育むことこそが環境教育の原点であるともいわれています。

レイチェル・カーソンは、1960年代に大量の化学物質や農薬の使用に警鐘を鳴らした『沈黙の春』の著者として世界中に知られている女性科学者です。『センス・オブ・ワンダー』は、カーソンの死後に友人によって編集、出版された短いエッセイのようなカーソンの遺稿で世界中で読まれています。そのなかで次のように記されています。

……人間を超えた存在を認識し、畏れ、驚嘆する感性を育み強めていくことには、どのような意義があるのでしょうか。……私はそのなかに、永続的で意義深い何かがあると信じています。地球の美しさと神秘を感じ取れる人は、科学者であろうとなかろうと、人生に飽きて疲れたり、孤独にさいなまれることはけっしてないでしょう。たとえ生活のなかで苦しみや心配ごとにであったとしても、かならずや、内面的な満足感と、生きていることへの新たな喜びへ通じる小道を見つけだすことができると信じています。……「知る」ことは、「感じる」ことの半分も重要ではないと固く信じています。

被造物の本質的な美しさに出会うとき、私たちは心が洗われ、超越的な存在に対する感謝の気持ちがおのずとあふれてくるのを体験します。超越的な存在の本質が持つ美しいもの、真実、善きものは、きっと、他の存在の真・善・美を呼び覚ます力に満ちあふれているのでしょう。私たちが自然の美しさや神秘など自然の価値を知ろうとしたり、自然に対して感じる畏怖・畏敬の念を知ろうとするとき、頭や理屈だけではどうにもならないことは言うまでもなく、五感を通じて自然を味わう体験に勝る方法はないでしょう。

日本では、「自然保育」「野外保育」「青空保育」などのさまざまな名称で、自然体験を大切にした保育・幼児教育が行われてきました。近年、デンマーク発祥の「森のようちえん」の活動が知られるようになって、日本のかつての自然体験を促す保育・幼児教育の価値が再認識されるようになっているようです。

「森のようちえん」（Waldkindergarten）と呼ばれる活動は、1950年代半ば、デンマークの一人のお母さんが、我が子や近所の子供を、毎日森に連れて行って保育をしたことからはじまりました。きっかけは、自然体験というよりは保育園・幼稚園不足が背景にあったようですが、「子供の頃の自然体験」の大切さに共感が広がり、現在、北欧やドイツでは300以上の園があります。
日本にも、「森のようちえん」と同様の理念を持った幼稚園・保育園、自主保育、NPOなどが少しずつ増えて、2008年には、これらの全国ネットワークもできています。

自然を体験する価値は、子供だけでなく大人でもすべての人々にとって重要です。「シェアリングネイチャー」とは、米国のナチュラリスト、ジョセフ・コーネル氏が1979年に著書『Sharing Nature with Children』を通じて発表した考え方と実践で、「直接的な自然体験を通して自分を自然の一部ととらえ、生きることのよろこびと自然から得た感動を共有することによって、自らの行動を内側から変化させ、心豊かな生活を送る」という生き方を目指すものです。

自然体験が大切というのは当たり前のようですが、都市化が進む日本で、自然を身近に感じる場は多くはありませんから、自然を味わう機会を意図的に作ることは想像以上に大きな意味があります。
シェアリングネイチャーの考え方にもとづくさまざまなアクティビティを「ネイチャーゲーム」といいますが、たとえば、ネイチャーゲーム「音いくつ」（アクティビティ No.007）は、耳をすませて、まわりから聞こえてくる音をじっくりと聞き取ります。音を集中的に聴くという時間を持つと、だんだん感覚がとぎすまされ、やがて小さな音まで聞こえるようになってきます。
また、風の音でも遠くの音と近くの音の違いや表情豊かな自然を五感で味わうなかで、しだいに心が静かになることを実感します。こうした自然との絆づくりは、多くの人々にとても豊かな体験となり、自然が人間に対して求める声なき声に耳を傾け受けとめる感受性を高めてくれることでしょう。

しかしながら、レイチェル・カーソンの時代とは異なり、科学技術が劇的に進展した今、私たちの消費生活における無自覚なふるまいが環境問題をもたらしていることをふまえれば、“センス・オブ・ワンダー”のみで地球のケアはできない時代に入っていることも考えていく必要があります。

3. エコロジカルな教育・エコロジカルな回心・エコロジカルな霊性と人間観の涵養

教皇は回勅のさまざまな箇所で、私たちのあり方、労働やテクノロジーや経済、成長発展など、生きる意味を根本的に問い直すように呼びかけています。環境問題への取り組みは、エコテクノロジーや環境政策の導入などの工夫のみで解決するものではなく、互いに気遣いあえる「ケアの文化」、「エコロジカルな文化」の基盤を育む必要があると説き、そのために教育とライフスタイルの転換、そして霊性が必要だと述べています。

> エコロジカルな文化は、汚染、環境破壊、天然資源の枯渇といった喫緊の問題に対する一連の部分的応急措置に矮小化できるものではありません。技術主義パラダイムの急襲に対してともに抗わせてくれる、明確なものの見方、考え方、方針、教育プログラム、ライフスタイル、そして霊性が必要です。(LS.111)

> すべてのキリスト教共同体はエコロジカルな教育において果たすべき重要な役割を有しています。神学校や養成施設で、責任をもって質素な生活を送るよう、神の世界を感謝のうちに観想するよう、貧しい人々の必要と環境保護とに関心を抱くよう、教えてほしいというのがわたしの願いです。(LS.214)

また、教皇は「環境教育は、エコロジカルな倫理にそのもっとも深い意味を与えてくれる超越者に向かっての跳躍を助けてくれるはず」(LS.210) であると述べています。そして、**環境教育が超越的な次元に心を向ける信仰教育にもなりうる**こと、「健全な諸徳を培うことによってのみ、人々は、無私でエコロジカルな献身をなすことができる」(LS.211) と説いています。

本章の冒頭で、環境教育がしばしば「価値教育」と呼ばれていると述べましたが、それは、環境問題の実践形態がいくら多様でも、つまるところ、本来の環境を担う主体としての私たち人間のあり方、生き方が問われる分野だからです。

それぞれが拠って立つ価値観によって、価値教育としての環境教育のテーマも変わってくるのでしょうが、回勅に依拠するならば、「総合的な（インテグラル）エコロジー」にもとづいた環境教育は、「かかわりの存在」という人間理解にもとづく「**全人的な教育**」でもあると言えます。

かかわりの存在としての人間が有する基本関係の４つ、すなわち、自己、他者、自然、神とのかかわり各々と全体としての調和、「総合的な（インテグラル）エコロジー」として示された私たちが目指す全人的発展への道のりをいかに実現し、いかにそのような調和を生きるかを問う教育です。

進路を改めるべき物事がたくさんありますが、とりわけ変わる必要があるのは、わたしたち人間です。わたしたちには、共通の起源について、相互に属し合っていることについて、そしてあらゆる人と共有される未来についての自覚が欠けています。この基本的な自覚が、新しい信念、新たな態度とライフスタイルを成長させてくれるでしょう。わたしたちは、文化的で霊的で教育的な重要課題に直面しており、再生のための長い道に踏み出すようにとの要求を突きつけられています。(LS.202)

アッシジの聖フランシスコの姿を思い起こすことによってわたしたちは、被造界との健全なかかわりが、全人格に及ぶ回心の一面であることに気づかされます。その回心によってわたしたちは、過ち、罪、落ち度、失敗に気づき、心からの悔い改めと、変わりたいという強い望みへと導かれます。(LS.218)

この回心は、優しさあふれる、惜しみない気遣いの精神を培ってくれるさまざまな態度を求めています。まず、それは、感謝の念と見返りを求めない心を伴うものです。また、世界は愛のこもった神の贈り物であるということと、自己犠牲と善行を通して神の惜しみない心に倣うようそっと呼びかけられているということの認識を含んでいます。……（中略）……エコロジカルな回心は、各信者が神からそれぞれ授かった固有の能力を伸ばすことを通して世界の諸問題を解決し、「神に喜ばれる聖なる生けるいけにえとして」(ローマ12・1) 自分をささげることができるよう、豊かな創造性と熱意を注ぎます。わたしたちは、自分たち人間が優れたものとされていることを、個人の名誉や無責任な支配の根拠とし

てではなく、むしろ、信仰に由来する重大な責任を伴う、他とは異なる能力として理解しています。(LS.220)

また、教皇はエコロジカルな教育について説くなかで、わたしたちが「いのち」とのかかわりを学ぶ原点が家庭にあると述べています。前章でも述べた家庭という場の重要性は、それが人格的成熟における調和のとれた成長を可能にする全人的な教育を受ける場であるからです。教皇は次のように説いています。

エコロジカルな教育は、学校、家庭、メディア、カテケージス、また他の場所で、さまざまな機会に行うことができます。幼年期や少年期のよい教育は、わたしたちに種を蒔き、生涯を通して実を結び続けます。しかしわたしは、家庭が非常に重要であることをここで強調したく思います。家庭は、「神の贈り物である生命がふさわしく迎えられ、ふりかかる多くの攻撃から守られる場であり、真の人間的成長をもたらしつつ発展することができる場なのです。いわゆる死の文化に対して、家庭は生命の文化の中心」なのです。わたしたちはまず家庭のなかで、いのちに対する愛と敬意の示し方を学び、また、物を適切に利用すること、整頓することと清潔にすること、地域の生態系を尊重すること、すべての被造物を気遣うことを教わります。家庭のなかでわたしたちは、人格的成熟における調和のとれた成長を可能にする全人的な教育を受けるのです。家庭のなかでわたしたちは、無理強いせずに頼むこと、受けたことに対する心からの感謝の表現として「ありがとう」ということ、攻撃や強欲を慎むこと、傷つけてしまったらゆるしを請うことを学びます。心のこもった礼節を表すこうしたささやかな言動は、ともに暮らす文化を創出し、周辺環境を尊重

> することを助けてくれます。(LS.213)

そして、大量消費文化に生きる私たちに教皇は、「キリスト教の霊性」がもたらしてくれる「幸いな節欲」という霊的な宝を思い起こさせ、次のように励ましてくださっています。

> それは、「より少ないことは、より豊かなこと」という確信です。…キリスト教の霊性は、節度ある成長とわずかなもので満たされることを提言しています。それは、人生のなかで与えられる可能性に感謝するために、自分が所有するものへの執着を捨てるために、ないことを悲しみ挫（くじ）けることがないように、小さなことに立ち止まってそれを味わえるようにしてくれる、あの素朴さへと立ち帰るということです。(LS.222)

さらに、教皇フランシスコは、イエスが示してくださった「神からいただいた贈り物として一瞬一瞬を受け止める姿勢」、「わたしたちを浅はかで粗暴で衝動的な消費者にする、あの病的な不安に打ち勝つ道」(LS.226) として、食前食後に手を止めて神に感謝をささげる美しく意義深い習慣に立ち帰るようにと呼びかけています。

> 食前食後の祈りは、わずかな時間であっても、わたしたちのいのちが神の手のなかにあるということを思い起こさせてくれます。それは、被造物という贈り物への感謝の思いを強め、それを提供してくれる人々の労働をありがたく思い、困窮の極みにある人々との連帯を再確認する時なのです。(LS.227)

アッシジの聖フランシスコが、**「自然への思いやり、貧しい人々のための正義、社会への積極的関与、そして内的な平和、これらの間の結びつきがどれほど分かちがたいものであるか」**(LS.10)を示してくれたように、「日々のささやかな言動を重視しつつ、環境悪化を食い止め、また『ケアの文化』を促進し社会全体に浸透させる」(LS.231)ように私たちを駆り立てる「社会に向かう愛」もまた、霊性の一面だと教皇は述べています。

教皇は、いつくしみについて述べるなかで、**「ゆるされた心からはじまり手に至るいつくしみの旅」**と表現しています。教皇はまた、愛徳の表現としてのエコロジカルな暮らしのために、日々のエコ実践から**「社会に向かう愛と共通善への取り組み」**や**「市民的で政治的な愛」**などさまざまな次元での具体的な行動を呼びかけられましたが、回勅の最後に、キリスト教の霊性によってもたらされた**「消費への執着から解放された自由」**、**「節度ある成長とわずかなもので満たされること」**、**「より少ないことは、より豊かなこと」**(LS.222)という確信を思い起こさせ、**預言的で観想的なライフスタイル**を奨励しています。

> 総合的なエコロジーが求めるのは、被造界との落ち着いた調和を回復するために時間をかけること、わたしたちのライフスタイルや理想について省みること、そして、わたしたちの間に住まわれ、わたしたちを包んでいてくださる創造主を観想することです。
>
> (LS.225)

「アースデイ Earth Day」(1970年にアメリカではじまった「地球の日」で毎年4月22日)の一般謁見の講話で、教皇は地球環境問題も含めて次のように話されました。

コロナウイルスによる悲惨なパンデミックが教えてくれたように、グローバルな課題の克服を可能にするのは、互いに連帯を示し、もっとも傷つきやすい人を中心にした社会を作ることだけです。地球との、そして自分以外の人間との、調和ある関係をどうしたら取り戻せるでしょうか。ともに暮らす家に対する、別の見方が必要です。

この別の見方とは、

地球は搾取してよい資源の貯蔵庫ではないのです。わたしたち信者にとって自然界は、人間生活を形成し、世界とそこにあるものを、人間を養うべく存在せしめる神の創造の力を物語る「創造の福音」です。（2020年４月22日アースデイについての一般謁見講話）

このために、「わたしたちは地球に対する畏敬の念を新たにするよう」求められており、そのために祈りが必要です。

人間とあらゆる被造物が置かれている多様な状況の中で無条件の愛を示せるか、ということに気づかせてくれる道です。その道は、世界に対するこれまでとは異なる見方に導き、そこにある矛盾や可能性を示してくれます。祈りは来る日も来る日も教えてくれます。わたしたちのかかわり、生活スタイル、未来への展望、政治をあらため、全人的発展と生の充満に向かうあり方を教えてくれます。ですから、耳を開くこと、じっと見つめて味わうこと、祈ること、これらは格差や排除との戦いには欠かせないものであり、生命維持の選択肢なのです。（マイケル・ツァーニー枢機卿S.J.による教皇の2020年３月27日の聖体賛美式のなかでの祈りについての説教）

教皇フランシスコが環境問題についての回勅『ラウダート・シ』を公布されたのは2015年５月24日のことでした。教皇はその後も、2020年の使徒的勧告『愛するアマゾン』、2020年の新しい社会回勅『兄弟の皆さん』など、さまざまな文書やメッセージを出されています。これらのなかには、たびたび『ラウダート・シ』からの引用部分や、『ラウダート・シ』の中心的なキーワード「総合的な（インテグラル）エコロジー」についての言及があり、教皇の強い思いが感じられます。

危機を認識しつつも希望を携え、それぞれが自分の足下から具体的な行動で「総合的な（インテグラル）エコロジー」を歩んでいくことを教皇は繰り返し、繰り返し訴え続けておられます。

回勅『ラウダート・シ』が「被造界についての責任を引き受けることができるようにと願う、わたしたちキリスト者の祈り」(LS.246)で結ばれていることをあらためて真摯に受け止め、私たちも心を合わせて祈りましょう。

わたしたちは、ともに暮らすこの家に、一つの人類家族として、神のほかの被造物との生物多様性のなかで生きているのです。神の像（imago Dei）としてわたしたちは、あらゆる被造物を大切にして、自分達の兄弟姉妹への、とくにもっとも弱い人への、愛と思いやりをはぐくむよう求められています。独り子イエスにおいて明かされた、わたしたちへの神の愛を模範として、そうするのです。（2020年４月22日のアースデイについての一般謁見講話より）

コラム⑩ 回勅『ラウダート・シ』発行からの国内外の動向

◆「被造物を大切にする世界祈願日」の制定とその背景

2015年８月、回勅が発表された３か月後に、教皇は９月１日を毎年「被造物を大切にする世界祈願日」に定めると発表されました。これは、もともと回勅の本文の冒頭にも登場するコンスタンチノープル全地総主教の発意によって、1989年から９月１日を「被造物のために祈る日」と定め、2007年以後キリスト教諸教会および諸共同体が９月１日からアッシジの聖フランシスコの記念日の10月４日を「被造物保護期間」として守るようになっていたことを受けて、カトリック教会もこのエキュメニカルな動きに合流しようとの教皇フランシスコの意向によるものでした。

日本の教会では、この発表の翌年の2016年から毎年９月の第一日曜日を「被造物を大切にする世界祈願日」とすることになりました。

◆「被造物のための季節（Season of Creation/ Tempo del creato）」

地球のケア、わたしたちと創造主との関係、そして全被造物との関係を新たにするための祭儀、回心、その他の取り組みを、キリスト者全員で行う月間。1989年コンスタンチノープル全地総主教が９月１日を、東方正教会における「被造物のために祈る日」と定めたことをきっかけに、全世界のキリスト教会が、それぞれの暦に９月１日～10月４日までの月間を取り入れるようになりました。日本のカトリック教会も教皇フランシスコの呼びかけによって2015年から正式に参加しています。

◆「すべてのいのちを守るための月間」

日本の教会では、「被造物のための季節」を、教皇訪日のテーマと一貫性をもたせるために「すべてのいのちを守るための月間」と称することになっています（2020年２月の定例司教総会において決定）。

◆「ラウダート・シ週間」・「ラウダート・シ特別年」

新型コロナウイルス感染が拡大しはじめた2020年３月３日、教皇フランシスコは、回勅の公布から５周年を記念して、全世界のカトリック教会に「ラウダート・シ週間」への参加を呼びかけました。これは、2020年５月16

日から24日までの１週間、とくに地球環境問題について考え、個人や教会共同体が具体的にエコ実践に参加することを呼びかける特別週間でした。

さらに、この特別週間の閉会ミサで教皇は、「ラウダート・シ週間」最終日の2020年５月24日から2021年５月24日までの１年間を「ラウダート・シ特別年」とすることを宣言されました。

日本のカトリック教会では「すべてのいのちを守るためのキリスト者の祈り」が示されました。

◆「ともに暮らす家を大切にする旅―『ラウダート・シ』公布から５年」発行

回勅公布５周年を記念して、2020年５月31日にはバチカンのインテグラル・エコロジーに関するワーキンググループである「インテグラル・エコロジー教皇庁部局間協働作業グループ」（Interdicasterial Working Group of the Holy See on Integral Ecology）から、「ともに暮らす家を大切にする旅―『ラウダート・シ』公布から５年」（“JOURNEYING TOWARDS CARE FOR OUR COMMON HOME Five Years after Laudato Si’”）が発行されました。『ラウダート・シ』にもとづく環境問題への取り組みの具体的な指針や世界各国の参考事例が紹介されています。2023年にこの日本語訳版が出され、カトリック中央協議会の公式サイトからダウンロードできるようになりました。

◆「LSAP」（ラウダート・シ・アクション・プラットフォーム）

「ラウダート・シ特別年」が閉年となった翌日の2021年５月25日には、教皇は『ラウダート・シ』が示すインテグラル・エコロジーのビジョンに向けた、これからの歩み―向こう７年間のプロジェクト「ラウダート・シ・アクション・プラットフォーム Laudato Si’ Action Platform」の発足を発表しました。すべての人々、とくに「家族」、「小教区と教区」、「教育機関」、「医療機関」、「信徒グループや市民団体」、「経済セクター」、「修道会」の７つの団体に参加が呼びかけられたこのプロジェクトでは、回勅にもとづいて７つのラウダート・シ・ゴールズが掲げられています。

◆７つのラウダート・シ・ゴールズ

Laudato Si’ Goals　https://laudatosiactionplatform.org/laudato-si-goals/

１.地球の叫びへの応答　２.貧しい人々の叫びへの応答　３.エコロジカルな経済　４.持続可能なライフスタイルの採用　５.エコロジカルな教育　６.エコロジカルな霊性　７.地域社会のレジリエンス（復興力）とエンパ

ワーメント（吉川 仮訳）

◆「ラウダート・シ」デスク

日本の司教団のセクションの一つで、地球環境や社会環境について考え、「総合的な（インテグラル）エコロジー」の推進にあたっています。

◆ドキュメンタリー映画「The Letter―A Message for Our Earth」

（YouTube 配信） https://www.theletterfilm.org/

2022年のアッシジの聖フランシスコの祝日に公開された『ラウダート・シ』に関連するドキュメンタリー映画です。周縁に追いやられた貧しい人々や先住民族、若者や自然界の声の代弁者ら、バチカンに招かれた人々と教皇の対話をもとにした教皇から私たち一人ひとりへのメッセージです。

日本語字幕（自動翻訳）をつける場合

「設定（歯車のアイコン）」→「字幕」→「自動翻訳」→「日本語」

◆ラウダート・シ週間公式ウェブサイト（英語／西語／葡語／伊語／仏語）

https://laudatosiweek.org/

エコ実践⑩……………………………………身近な人々に学ぶ

長野県小谷村「信州　風の家―自然と共に、自然から学ぶ、祈りと交流の場―」

「風の家」は、1986年（昭和61年）に作家・故遠藤周作氏（1923-1996年）の親友であったカトリック司祭の故井上洋治神父（1927-2014年）によって創立された活動です。創立以来「日本の文化風土を尊重しながら、キリストの福音を開花させること」を求めて歩んできたもので、その特徴の一つに“自然と共に自然から学ぶ”という姿勢があります。

「信州 風の家」は、カトリック新潟教区司祭・伊藤幸史神父によって、新潟県糸魚川市と隣接する長野県小谷村に設立されました。ともに祈る心のよりどころとしての居場所づく

祈りと自然と人の場「風の家」

りに取り組むとともに、さまざまなハンディーを抱えた人々がともに働き生活する農業共同体「NPO 法人信州共働学舎」（故・宮嶋眞一郎氏によって創立）との連携による「自然と社会的弱者との共生共働」にも取り組んでいます。

豊かな自然や農作業体験をとおした「自然との出会い」、共働学舎メンバー、風の家に集う人々、小谷村の人々とともに「人との出会い」、一人静かに心を落ち着け（＝祈り）、自らの内面に下りて行くことによって「心の底の“本当の自分”の思いとの出会い」の三つをモットーに、広く宗教を超えて人々を受け入れています。

信州 風の家

所在地：〒399-9422　長野県北安曇郡小谷村千国乙立屋4951-1

公式サイト：信州風の家（祈りと交流の場）　https://shinshukazenoie.jp

共働学舎参考ドキュメンタリー DVD『アラヤシキの住人たち』

【第10章の注※について】

※１（P173）小澤紀美子『持続可能な社会を創る環境教育論』東海大学出版部　2015 p.8

※２（P178）2020年９月１日「被造物を大切にする世界祈願日」教皇メッセージ「２．立ち帰るとき」より引用。

【第10章の参考文献】

＊教皇フランシスコ『すべてのいのちを守るため――教皇フランシスコ訪日講話集』カトリック中央協議会　2020

＊『教皇フランシスコ　コロナの世界を生きる』PHP 研究所　2021

＊小澤紀美子編著『こどもと自然』公益社団法人こども環境学会編　本の泉社　2021

＊ジョン・フィエン『環境のための教育―批判的カリキュラム理論と環境教育』東信堂 2001

＊ドネラ・H・メドウズ『地球の法則と選ぶべき未来』ランダムハウス講談社　2009

＊鈴木敏正『生涯学習の教育学―学習ネットワークから地域生涯教育計画へ』（増補改訂版）北樹出版　2014

＊早渕百合子『環境教育の波及効果』ナカニシヤ出版　2008

おわりに

「Think Globally, Act Locally」とは、環境教育実践における指針として1970年代頃から重要視されはじめたフレーズです。「地球規模で考え、地域から行動せよ」と訳されることが多く、近年の環境教育実践では「グローカル」と表現されることもあります。

他に、「世界規模で考え、足下から行動せよ」などそれぞれのコンテクストで多様な訳があります。どの範囲をグローバルと見なして、どの範囲までをローカルと捉えるかは自由ですから、私は物事を考えるとき、このフレーズを枠組みとしてさまざまな次元で活かしています。とくに、時間軸、空間軸をかぎりなくグローバルに拡大し、果てしない時間、広大な空間から「今・ここ」にいる私たち人間や足下の自分を俯瞰(ふかん)するまなざしを持つ機会を大切にしています。

そのような機会は、鳥瞰図(ちょうかんず)のように全体のなかでの各々の立ち位置や役割、かかわりあいを俯瞰させてくれ、身近な日常生活では見えにくいことに気づかせてくれます。

1990年、人類史上初めて宇宙空間の観測を可能にしたハッブル宇宙望遠鏡が打ち上げられ、ともに暮らす家を外側から眺めるという視野をもたらしてもくれました。2021年には、ハッブル宇宙望遠鏡の後継機にあたるジェイムズ・ウェブ宇宙望遠鏡が打ち上げられました。ハッブルをはるかに超える性能を持つジェイムズ・ウェブは、

130億年以上も前の宇宙に存在する天体や系外惑星、誕生したばかりの若い星々を捉え、圧倒的な美しい宇宙の姿を伝えています。息を呑むような神秘的で美しい宇宙の姿を見て、これまでに感じたことのない驚きや、人知を遥(はる)かに超える大いなるものにおのずとひれ伏したくなるようなそんな気持ちになった人も少なくないはずです。

NASAの地球科学者で宇宙飛行士のピアース・セラーズ博士は、宇宙から見た地球の美しさに心を打たれると同時に、地球を覆う大気の層がいかに薄く脆弱(ぜいじゃく)なものであるかを目の当たりにした衝撃をも語っています。宇宙に行ってから地球をいとおしく感じ、地球上の人々を皆家族のように感じはじめたといいます。

(ドキュメンタリーフィルム，ナショナルジオグラフィック『Before the flood 地球が壊れる前に』より)

広大な宇宙のなかでの１つの惑星—ともに暮らす家である「地球」と私たち人類。宇宙規模でのThink Globally, Act Locallyで人間として生きることをときどき俯瞰してみること、美しさや神秘的なものに触れることは、身近な目の前の出来事、私自身の内に起こっている出来事と私たちのかかわりに新たな角度のまなざしを示し、これまでとは異なる行動を選択する力を与えてくれるのではないかと感じています。

同時に、私たちの意識とまなざしが拡大すればするほど、より一層、この地上の社会的な次元、ささやかな日常のものごとにより深く根ざす必要性を感じます。

エコ実践は、必ずしも壮大なことをやることではなく、たとえば身近に私たちの内外を満たしてくれている「水」を、朝起きてから夜寝るまで、大切に節約しながら使い、できるだけきれいに流し、その恵みに感謝できるかどうかにかかっていると思います。宇宙万物の創造主である神のまなざしを通してこの現実を見ることを願い、ともにより良いライフスタイルの転換に向けて歩みたいと願っています。

最後に、回勅の表題の「ラウダート・シ」、「あなたはたたえられますように」との言葉の由来、アッシジの聖フランシスコの「太陽の賛歌」(LS.87より) をともに祈りましょう。

「太陽の賛歌」

たたえられよ　我が主、
あなたから造られたもの、
わけても　貴き兄弟　太陽によって。
彼は昼を造り、
主は　彼により　我らを照らす。
彼は大いなる光によって
美しく照り輝き、
いと高き　あなたの

み姿を映す。
たたえられよ　我が主、
姉妹なる月と　あまたの星によって。
あなたは　それを　大空にちりばめ
美しく　貴く　きらめかす。
たたえられよ　我が主、
兄弟なる風　大気や雲
さま変わる　天の事象によって。
あなたは　それにより
造られた　すべてを支えられる。
たたえられよ　我が主、
姉妹なる水によって。
それは　みなを生かし、
おごることなく　貴く
また清らかに澄む。
たたえられよ　我が主、
あなたは　兄弟なる火によって
夜の闇を照らす。
彼は美しく　心地よく
たくましく　力あふれる。

著者紹介

吉川まみ　よしかわ まみ

上智大学･基盤教育センター教授。キリスト教人間学領域長。環境学博士。専門は、キリスト教人間学的な環境教育論。(独)国際協力機構ジャイカ環境教育技術専門委員。その他、日本カトリック司教協議会「ラウダート･シ」デスク委員、杉並区環境清掃審議会委員等を務める。

［共訳書］
教皇フランシスコ著『回勅ラウダート・シ―ともに暮らす家を大切に』、バチカン・インテグラル・エコロジー教皇庁部局間協働作業グループ編著『ともに暮らす家を大切にする旅『ラウダート･シ』公布から５年』(ともにカトリック中央協議会) がある。

『回勅ラウダート・シ』と環境保護
ライフスタイルの転換に向けて、
ともなる歩みを

著　　者／吉川まみ
発 行 所／女子パウロ会
代 表 者／松岡陽子
〒107-0052 東京都港区赤坂 8 丁目 12-42
Tel.03-3479-3943　Fax.03-3479-3944
Webサイト https://pauline.or.jp/
印 刷 所／株式会社工友会印刷所
初版発行／ 2023 年 9 月 21 日

ISBN978-4-7896-0837-4 C0016
NDC190　Printed in Japan